JN441310

생각이 머물다 간 자리

생각이 머물다 간 자리

이희석 수필집

수필과비평사

책을 펴내며

바람이 대숲을 흔들던 소리, 버스 창에 번지던 저녁빛, 잠들기 직전 가만히 떠오른 오래된 얼굴 하나. 그 순간들은 흔적 없이 스러지는 듯 보이지만, 사실은 마음 깊숙한 곳에서 천천히 가라앉아 우리의 존재를 이루는 바탕이 되어 주었습니다. 가장 오래 남는 것은 거대한 사건이 아니라 어느 날 문득 마음을 스치고 지나간 작은 장면들입니다.

『생각이 머물다 간 자리』는 그런 마음의 풍경들을 더듬어 모은 기록입니다. 발끝에 닿던 이른 새벽의 서늘한 공기, 낡은 마루에 앉아 들었던 빗소리, 아무 말 없이 손을 잡아주던 사람들의 체온까지…. 말로 옮기지 못한 채 오래 품고 있던 순간들을 조심스레 펼쳐 보았습니다. 일상의 틈바구니에서 반짝이던 빛, 오래 감추어 두었던 감정의 흔들림, 누군가의 손길에 되살아나던 기억까지, 한 번은 꼭 붙들어두고 싶은 마음의 조각들입니다.

살아온 날들을 지나오며, 들꽃의 미세한 떨림 속에서 생명의 숨결을 느꼈고, 부모님의 손등에서 전해지던 사랑의 온도를 다시 확인했습니다. 늦은 오후 벽을 천천히 넘어가는 나무 그림자처럼, 삶 속 작은 순간들은 우리 안에 조용히 흔적을 남깁니다. 가파른 시대의 흐름 속에서도 변하지 않는 무엇이 있다는 사실은 큰 위로가 되었습니다.

수필을 쓴다는 것은 스스로의 내면을 조용히 건져 올리는 일입니다. 숨기지 않고, 꾸미지 않고, 있는 그대로의 마음을 내어놓는 일. 글을 쓰는 동안 수없이 주저하고 멈칫하기도 했지만, 결국 진심이 닿는 글은 솔직함에서 비롯된다는 믿음을 지켰습니다.

삶을 살아가다 보면 누구나 지치고 잠시 머물 곳을 찾고 싶을 때가 있습니다. 그럴 때 이 책이 독자님 곁에 다정한 벗처럼 조용히 머물며 작은 위안이 되어 주기를 바랍니다. 책장을 넘기며 잊고 지냈던 풍경 하나, 오래 묻어둔 감정 하나가 다시 조용히 말을 걸어오기를. 우리의 삶이 서로 닿는 순간은 언제나 그렇게, 아주

사소한 떨림에서 시작되곤 하니까요.

삶은 짧고, 시간은 늘 앞질러 가지만, 글은 마음에서 마음으로 건너 오래 남습니다. 제 글이 누군가의 하루 끝에 부드럽게 내려앉아 작은 온기나 숨결처럼 머문다면, 그보다 더 큰 기쁨은 없을 것입니다.

이 책이 태어나기까지 곁에서 힘을 보태주신 분께 깊은 고마움을 전합니다. 초고를 함께 읽으며 따뜻한 눈길로 조언을 남겨주신 문우님들, 세심한 손길로 책의 결을 다듬어주신 분들, 흔들릴 때마다 묵묵히 등을 받쳐준 가족의 응원은 조용한 빛이 되어 이 책을 여기까지 데려다주었습니다. 그 고마움은 한낱 문장으로 다 담을 수 없음이 오히려 더 깊은 감사로 남습니다.

2025년 겨울

이희석

차례

2부 봄날의 작은 꽃들

3부 구시포의 노을

4부 숲을 걷다 만난 눈빛

5부 그때는 그랬지

6부 경계 너머의 사랑

1부

돌담을 쌓으며

돌담을 쌓으며/ 숭늉 한 사발/ 여백의 미

찰나의 흔적/ 소크라테스도 걸었다

고운 봄날, 영랑의 시심을 만나다

생존의 몸부림/ 꿀벌의 위기

돌담을 쌓으며

햇살이 가득한 고향 마을을 산책했다. 어릴 적 즐겨 부르던 노래를 흥얼거리며 걷는데, 봄바람이 살랑살랑 불어왔다. 구불구불한 골목에 들어서니, 돌담과 그 위에 앉은 이끼와 담쟁이덩굴이 정겹다. 아련한 추억들이 아지랑이처럼 아롱거렸다. 싱그럽게 피어나는 봄꽃과 또래들과 뛰놀던 돌담길, 어제인 듯 그 시절이 가득했다.

어린 시절의 고향 마을은 희로애락을 함께 나누던 열린 공동체였다. 대문 없는 집들이 많았다. 담이 있어도 막돌을 쌓아 만든 홑돌담이 주를 이루었다.

이는 집과 집 사이의 경계를 표시하고 시선을 막는 정도였을 뿐, 높이도 아이 키 정도로 낮아 밖에서 들여다보면 그 내부가 반쯤 보였다. 낮은 돌담을 사이에 두고 아낙네들의 정겨운 대화가 오갔고, 죽 한 그릇, 떡 한 접시도 인심 좋게 나누었다. 이웃의 처녀 총각이 서로 몰래 훔쳐보며 설레고, 담 구멍을 통해 연서를 주고받던 사랑의 가교이기도 했다.

세월이 흐르면서 담이 제구실 못하거나 장마에 무너지면 마을 사람들이 힘을 모아 개축하고 정비했지만, 그 모습은 예전과 크게 다르지 않다. 고향집 돌담도 허드레 돌로 쌓은 돌담이지만 폭풍에도 끄떡없다. 큰바람은 막아주고 작은 바람은 자유롭게 드나든다. 뜨락을 둘러싸고 있어서 아늑한 느낌 주는, 그런 고향집 돌담이 나는 좋다.

그러나 그토록 견고하던 돌담도 지난여름 장마 끝에 한 모퉁이가 와르르 무너졌다. 고향집 허물어진 담을 크고 작은 막돌의 모양새대로 맞물려 쌓았다. 밑받침 부분은 큰 돌로, 그 위쪽으로는 비교적 얇은 돌에 잔돌을 끼워 가로세로 줄눈이 일정하지 않게 이른바 막쌓기 공법으로 쌓았다.

하지만 웬걸, 힘들여 개축한 돌담이 몇 날 못 되어 무너졌다. 돌담 쌓기에도 나름의 기법이 있는 법인데, 그걸 모르고 섣불리 시도한 것이 문제였다. 다시 요령을 익히고 돌을 어긋맞게 놓고 큰 돌은 작은 돌 두세 개로 받쳐 안쪽으로 기울어지게 쌓았다. 그 뒤론 지금까지 흔들림 없이 탄탄하다.

돌담은 각각의 돌들이 서로 의지하여 담을 이룬다. 쓸모없는 돌은 없다. 둥근 돌, 모난 돌, 큰 돌, 작은 돌 구별 없이 다 필요하다. 하나같이 들쑥날쑥 제멋대로 생긴 돌들일지라도 적절히 배치하여 서로 이가 맞도록 쌓아 놓으면 견고한 돌담이 된다.

돌들은 놓인 대로 묵묵히 제자리를 지켜낼 줄 안다. 아랫돌, 윗돌, 누름돌, 받침돌, 모두 자기 역할을 다한다. 잘난 돌이 못난 돌을 이고, 거친 돌이 매끈한 돌을 받친다. 잘났다고 튀어나오지도 않고 못났다고 숨지도 않는다. 다들 생긴 대로 서로를 이고 지고 업고 단단히 붙는다. 작은 돌은 빈틈을 메우고 큰 돌을 지지해 돌담이 흔들리지 않게 해준다. 마치 작은 사잇돌 하나가 돌담 전체를 지탱하듯, 공동체에서도 작은 역할을 하는 사람들이 중요하다. 눈에 띄는 사람도 필요하지만, 보이지 않는 곳에서 묵묵히 일하는 사람들도 필수적이다. 각 구성원 한 사람 한 사람이 자신의 자리에서 제 역할을 다하지 못하면, 공동체 전체가 무너질 수 있다.

돌담에서 돌들은 서로 자리를 다투지 않는다. 서열을 정해 줄을 세우지 않는다. 자기를 위하여 무엇을 원하지도 않고 나 여기 있소, 하고 고개를 쳐드는 법도 없다. 자질구레하고 하찮은 잡석끼리 모여 있어도 아웅다웅 다툼질하는 일이 없고, 이리저리 부대껴도 짜증이나 신경질을 낼 줄 모른다.

돌들이 이러할진대 이 세상의 인간들은 어떤가. 잡석으로 몰리고 허드레 돌 신세가 되며 막돌 취급을 당하는 사람들이 얼마나 많은가. 인류가 대동 사회를 이루려면 이러한 돌들의 공존ㆍ공생 방법을 배워도 좋지 않을까, 하는 생각이 꼬리에 꼬리를 문다.

크고 작은 돌들이 조화를 이루는 돌담, 그 앞에 서면 마음이 평온해진다. 버려진 돌 하나 없이 어떻게 모두 제자리에 꼭 맞게 자리 잡았는지 경이롭다. 모든 것은 제 위치에 있을 때 가장 아름답게 빛난다. 분명 나도 내 분수에 딱 맞는 자리를 차지했을 텐데, 그 자리에 만족하며 산 날이 얼마나 될까? 지금까지도 남의 자리가 부러워 탐내고 있는 것은 아닌지. 돌담 앞에서 다시 한번 생각해 본다.

숭늉 한 사발

입맛이 없을 때 솥밥 한 그릇을 지어 먹으면 최고다. 쌀만 불리면 손쉽게 지을 수 있다. 고슬고슬하게 잘 지은 솥밥은 국도, 반찬도 많이 필요 없다. 간단히 양념장에 비벼 먹고 난 후 구수한 숭늉으로 마무리하면 몸은 물론 마음마저 따뜻해진다.

최근 들어 숭늉으로 식사를 마무리하는 경우가 많다. 날씨가 춥거나 우중충한 날엔 어김없이 식후에 따뜻한 차를 마시듯 숭늉을 마신다. 어쩌다 외식하고 돌아와서도 숭늉을 먼저 청한다. 가끔 아내가 마트에서 누룽지를 사다 끓이기도 하지만, 먹고 남은 밥을 솥 바닥에 눌린 다음 물을 붓고 푹 끓인 밥숭늉과는 비교할 수 없다.

얼마 전에는 누룽지차가 건강에 도움이 된다는 정보를 접하고 누룽지차를 만들어 먹기도 했다. 한약업사 김영길은『병에 걸려도 잘 사는 법』에서 피를 맑게 하기 위해서는 좋은 물을 마셔야 한다고 역설한다. 그가 말하는 좋은 물은 까맣게 탄 누룽지로 끓인 숭늉이다. 숭늉 속의 탄소화 된 성분이 혈액 안에 있는 과잉 영양소와 독소를 흡착 분해하고 씻어내어 혈액 순환을 개선해 준다는 것이다.

이 이론에 착안하여 화타식 누룽지차 숭늉 만들기를 시도해 보았다. 화타 숭늉은『삼국지』에서 나오는 명의 화타가 처방한 숭늉인데 일반 누룽지를 더 태워서 끓여 먹는 숭늉을 말한다. 이 방법대로 아침부터 전기밥솥에 묵은쌀로 밥을 했다. 프라이팬에 밥을 얹고 80~90%를 태우는 동안 방 안에 향긋한 냄새가 가득 퍼져 나갔다. 탄 누룽지를 곱게 갈아 커피를 내리듯 하여 차로 마시니 맛과 향이 그럴듯했다.

요즘 들어서는 이렇게 만든 누룽지차로 입가심하는 버릇이 생겼다. 외식하고 나면 커피나 차를 마시거나 디저트로 과일 등을 먹기도 하지만 아무래도 구수한 화타 숭늉으로 입가심해야 개운하고 소화가 잘되는 것 같다.

옛 어른들도 숭늉 애호가였다. 12세기 초, 송나라 사신으로 고려를 다녀갔던 서긍이 쓴『고려도경』에는 "나라의 관리나 귀족들은 언제나 시중드는 자를 시켜 숭늉 그릇을 들고 따라다니게 한다."라고 적혀 있다. 요즘 사람들이 카페인에 인이 박인 것처럼 우리 선조들은 숭늉에 중독됐던 모양이다.

내가 어릴 적만 해도, 어머니는 밥을 지을 때 일정 분량의 물과 쌀을 가마솥에 넣고 끓이다가 여분의 물이 없어질 때까지 뜸을 충분히 들여 누룽지를 만드셨다. 달챙이 숟가락으로 긁어 모은 누룽지를 식구들에게 나눠주셨다. 밥솥 바닥에 눌어붙어 떨어지지 않는 누룽지는 다시 물을 붓고 푹 끓여서 숭늉도 만드셨다. 이렇게 만들어진 어머니의 숭늉은 구수한 참맛이 났다.

이처럼 어머니의 따뜻한 사랑과 정성이 들어 있었던 누룽지와 숭늉이 지금에 이르러서는 커피나 탄산음료에 밀리고 있다. 집에서 아쉬운 대로 밥을 끓여 숭늉으로 먹거나, 한식 전문점 같은 곳에서 간혹 서비스로 나오는 정도가 고작이다.

은근하고 고소한 숭늉 한 사발! 마시는 상상만 해도 입안에 군침이 돈다. 세상이 까칠해질수록 숭늉같이 구수한 사람이 그리워지는 것 같다.

오늘따라 정다운 얼굴들이 자꾸 눈앞에 어른거린다. 숭굴숭굴 부드럽게 대해 준 이웃들, 사귈수록 우정이 훈훈해지는 친구들, 쳐다볼수록 가슴 흐뭇해지는 손주들이 보고 싶다. 한편, 돌이켜본다. 그동안 나는 누군가에게 숭늉 같은 사람으로 살아왔는지….

여백의 미

내 서재에는 중국 계림을 연상시키는 산수화 한 폭이 걸려 있다. 구름이 감도는 기이한 봉우리와 한가로운 강촌이 잘 어울리는, 그윽한 느낌을 주는 그림이다. 가끔씩 이 그림과 마주 앉아 말없는 대화를 나누다 보면 마음이 편해지고 여유로워진다.

붓끝에서 피어난 한 폭의 동양화. 그 안에 채색되지 않은 채 남겨진 여백은 그냥 빈자리가 아니다. 은미하고 오묘한 세계를 보여주는 또 다른 풍경이다. 하늘과 강물을 상징하기도 하고, 산허리를 감은 안개나 흰 눈이 덮인 대지를 나타내기도 한다. 어떤 때는 움직이지 못하는 물체가 존재하는 무한한 공간으로 보이기도 한다.

동양화 여백과의 대화는 그림을 보는 사람의 심미안과 관조하는 자세에 따라 달라질 수밖에 없다. 홍진을 피해 시골에 묻혀 사는 사람은 그림 속 공백을 통해 자연의 고요함을 느낄 것이고, 세속에서 초탈한 선승은 명경지수 같은 청정한 대화를 나눌 것이다.

이처럼 기묘한 동양화의 여백은 무한한 상상력과 사색을 불러일으키게 한다. 어쩌면 노자가 말한 "말 없는 지혜로운 자"와 장자가 말한 "관대한 지혜"가 동양화의 비어 있는 순백의 공간, 즉 무의 공간에서 유래되었는지도 모른다는 생각이 든다.

내가 동양화의 여백에 매료되는 이유는 사색적인 맛보다 그 여유 있는 멋 때문이다. 수묵과 백색이 적절히 조화된 공백 속에서 그윽한 운치와 여유를 느낄 수 있는 것은 아마도 동양화의 밑바닥을 흐르고 있는 동양적 사고에 그 원인이 있는 것 같기도 하다.

유불선 같은 동양 사상과 은둔과 초현실의 사상 속에서 오랜 세월 생활해 온 한국인에게 동양화의 여백만큼 친근하고 따뜻하게 포용해 줄 수 있는 것도 드물 것이다.

언뜻 보아도 여백은 포용성이 있어 보인다. 화폭 전체를 빼곡하게 채우며 채색해버리는 서양화에 비한다면 하얀 화선지 일부를 그대로 남겨둔 채 그리는 동양화가 더 여유로워 보인다. 그래서인지 동양화를 보면 마음이 평온해지고 오랫동안 쳐다봐도 피로감을 느끼지 않는 것 같다.

지난 유월, 전주 팔복예술공장에서 서양화가인 '앤디 워홀전'을 관람하는 기회가 있었다. 출품된 그림들의 화면은 밝고 화려했으나 한결같이 여백이 없어 보였다. 일상생활 용구 따위를 소재로 삼아 전통적인 미술 개념을 타파하는 전위적 작품들이 다양하게 전시되어 있었고 여러 색의 전광이 묘한 영상을 이루고 있었다.

이러한 경향과는 대조적으로 동양화에 있어서는 지금까지도 화선지를 유일한 소재로 삼고 있는 전통을 간직하고 있다. 어쩌면 이러한 전통은 화선지에 남겨지는 여백의 멋 때문에 지속되는 것이 아닐지 모르겠다. 어쩌다가 유명 화가들의 난초 그림을 감상하다 보면 그 난초가 마치 살아 움직이는 듯 실감 나고 생동감 있게 보이는 경우가 있다. 그것은 난초 그림의 배경이 되어주는 여백이 난초를 더욱 또렷하게 해 주기 때문이다. 만약 난초 그림 주위에 여러 그림이 채워져 있었다면 그 난초는 우리 눈에 다소 산만하게 비칠 것이다. 옛 선인들은 사군자를 치면서 여백을 중시하는 것도 그런 연유 때문이 아닌가 싶다.

한편, 생각해 보면 여백의 미와 멋이 동양화에만 있는 것이 아니다. 시와 수필의 미도 여백에서 나온다. 구구절절 설명하지 않아도 독자들에게 긴 여운을 줄 수 있다. 그뿐 아니라 생각할 여지를 주는 영화는 관객의 기억에 오래 남는다. 또한 여백이 있는 말도 오래도록 듣는 이의 마음에 남는다.

내가 여백의 미를 좋아하는 것도 바로 이 때문이기도 하다. 일상의 긴장과 분주함 속에서 모처럼 여유를 찾게 되면, 친구들과 만나 한담을 즐기거나 푹신한 소파에 파묻혀 편안한 마음으로 책

읽기를 좋아한다. 때론 그동안 모은 동양화 화집을 뒤적이며 그림들 속에 빠져들거나, 화선지를 펴놓고 그 위로 수묵이 스며드는 정취를 느껴보기도 한다. 요즈음 이 순간만큼 나에게 큰 즐거움을 주는 것은 없다.

비어 있는 듯하나 운치가 있는 동양화 여백! 그것은 우리의 삶 속에서 필요한 여유, 그리고 그 여유 속에서 얻는 평온과 조화의 상징이다. 이런 여유로운 삶이 무한년하게 계속될 수 있다면 얼마나 좋을까.

찰나의 흔적

희부연 새벽, 달 하나와 별 하나가 나란히 하늘에 떠 있다. 희미하면서도 선명한 그 빛은 밤과 낮의 경계를 부드럽게 넘나들며 하늘을 물들인다. 새벽빛은 여전히 노르스름한 기운을 품고 있고, 소슬한 바람이 살짝 뺨을 스친다. 세상은 잠들어 있는 듯 고요하지만, 그 고요함 속에는 분명히 어떤 시작과 변화의 숨결이 감돌고 있다. 잠든 시간 너머로 깨어나는 기척들. 새벽이라는 이 특별한 시간은 하루 중 가장 섬세한 찰나가 아닐까.

나는 아침 산책을 즐긴다. 도시의 회색 빛깔과는 다른, 조금은 투박하지만 솔직한 자연을 품은 시골의 길을 걷는 것이 좋다. 가을이 한창인 지금, 길가에는 코스모스가 흐드러지게 피어 있다. 하얀빛, 연분홍빛, 진홍빛의 꽃잎들까지. 바람에 하늘하늘 흔들리는 모습은 마치 여름날의 잔상처럼 느껴진다.

그 모습을 바라보다 문득 장면 하나가 떠올랐다. 무더위가 극에 달했던 어느 여름날, 나는 버스를 타고 있었다. 땀에 젖은 셔츠가 등에 붙어 불쾌했지만, 다행히 창가 자리에 앉아 바람을 맞으며 잠시 숨을 돌릴 수 있었다. 그때 옆자리는 비어 있었고, 그 빈 좌석에 남겨진 어떤 자국이 눈길을 끌었다. 처음에는 무엇인지 알아차릴 수 없었지만, 자세히 보니 누군가의 두 허벅지의 흔적이 선명하게 남아 있었다.

기름기 섞인 땀이 좌석에 번지며 만들어낸 모양이었다. 마치 먹물이 번진 붓글씨처럼, 땀방울이 남긴 자국은 기묘한 아름다움을 풍기고 있었다. 그 자국은 단순한 얼룩이 아니었다. 허벅지의 윤곽이 명확했고, 윗부분이 살짝 떨어진 채 흐릿한 여백을 남긴 채 앉았던 체온의 기억까지 간직하고 있었다.

문득 그것이 하나의 판화처럼 느껴졌다. 사람이 남긴 자국, 그 자리에 앉아 있던 육체의 흔적이 만든 찰나의 예술. 두 개의 꽃잎처럼 퍼져 있던 그 땀의 형상은 코스모스의 잎을 떠올리게 했다. 어쩌면 그 자리는 이름 모를 누군가의 여름이, 그 땀방울 하나하나가 시간의 잉크처럼 스며들어 새긴 문장이었는지도 모른다.

산책을 계속한다. 붉게 물들기 시작한 거리의 활엽수 잎새들이 계절의 흐름을 증언한다. 한적한 들길로 접어들자, 들꽃들이 여기저기 저마다의 모습으로 피어 있다. 화원의 꽃들과는 다른, 꾸밈

없고 수수한 아름다움. 길섶 한편에는 청초한 들국화들이 무리 지어 피어 있고, 달빛보다 희고 소담한 꽃잎들이 가녀린 몸을 흔들고 있다.

정월 대보름 밤. 또래들과 논두렁을 따라 쥐불을 놓으며 뛰놀던 유년의 한 장면도 떠오른다. 긴 막대기에 불을 붙이고 휘휘 돌리며 들판을 내달리던 그 시절, 우리는 그 순간 자연과 하나였고, 어두운 들판은 우리의 놀이터이자 세계였다. 불꽃은 허공을 가르며 잠깐 동안 빛을 그렸고, 그 궤적은 곧 사라졌지만, 마음속에는 선명한 흔적으로 남았다.

그것은 단순한 놀이가 아니었다. 자유와 생명력, 어린 날의 환희가 응축된 불꽃. 그것은 나에게 있어 하나의 유적이었다. 영원하지 않기에 더 소중한 찰나의 예술이었다. 생각해 보면, 우리 삶의 자취는 그렇게 사라지는 듯 보이면서도, 결국은 또 다른 궤적을 남긴다.

자연은 우리의 흔적을 지워내기도 하고, 또 때로는 그 흔적을 받아들여 자기 것으로 만든다. 사라졌다고 해서 없어진 것은 아니다. 사라짐 속에 남겨진 감정, 기억, 온기. 자연은 그런 것들을 고요히 받아들이고, 어느 순간 다시 우리 앞에 되살려 내곤 한다.

묵묵히 발길을 내딛다 말고 나는 문득 생각에 빠진다. 자연은 그렇게 자신의 길을 묵묵히 나아가며 흔적을 남기는데, 나는 지금까지 어떤 흔적을 남기며 살아왔는가. 누군가의 기억 속에, 혹은 내 삶의 자취 속에, 따뜻한 온기의 흔적 하나 남기지 못한 채 살아 온 것은 아닐까.

삶은 언제나 선택의 연속이었고, 나는 그 갈림길마다 자신 있게 발을 내딛지 못했다. 언제나 갈등했고, 어느 길이 옳은지 고민하며 제자리에서 맴돌곤 했다. 그럴 때마다 넓은 들판을 달리고 싶은 충동을 받았다. 그저 발길 닿는 대로 걷고 달려, 바람 부는 언덕 위에 서고 싶었다. 바람처럼 자유로워지고 싶었고, 강가에 이르면 강물처럼 어디론가 흘러가고 싶었다.

어쩌면 내가 원했던 것은 방향이 아니라 흐름 그 자체였는지도 모른다. 세상의 무게와 기대에서 벗어나, 있는 그대로의 나로서 떠돌 수 있는 자유. 붉게 저무는 해를 바라보다 가슴이 먹먹해졌던 날들, 그 고독과 허무마저도 결국은 나라는 존재가 남긴 흔적일 것이다.

이제는 조금 알 것 같다. 찰나의 자국들이 모여 인생이라는 풍경을 만든다는 것. 사라진 듯 보이는 땀의 얼룩, 불꽃의 궤적, 바람 속에 날리는 꽃잎 한 장. 그 모든 것이 모여 삶이라는 커다란 판화를 새겨내고 있다는 것을.

앞으로 나는 자연 속에서 삶의 의미를 찾고자 한다. 내가 남긴 자국들이 누군가에게 따뜻한 온기로 남을 수 있다면, 그걸로 족하다. 버스 좌석에 남겨졌던 땀의 판화처럼, 나의 흔적도 어딘가에 고요히 남아 누군가의 감각을 일깨우기를 바란다. 우리의 삶은 찰나의 연속이고, 그 찰나들이 모여 영원을 향한 궤적을 만든다.

어쩌면 인생이란, 석양처럼 짧은 불꽃을 피우고 사라지는 것이리라. 하지만 그 뜨거운 빛이 남긴 잔영은 이 세상 어딘가에 아로새겨질 것이다. 그 잔영이 누군가에게 작은 위안이 되고, 작은 떨림이 되듯이 나도, 내 삶이 남긴 조용한 흔적도 누군가의 마음에 닿을 수 있기를 바란다.

소크라테스도 걸었다

시골 냄새 물씬 풍기는 흙길을 만났다. 운동화를 벗고, 양말도 벗는다. 살짝 발을 내밀어 딛는다. 엊그제 비가 내려서인지 발길에 와닿는 흙의 감촉이 자릿자릿하다. 땅 숨이 온몸에 퍼지고 푸석푸석하던 마음의 밭이 촉촉해지는 느낌이다.

맨발 걷기는 나에게 있어 유익한 운동인 동시에 또 다른 세상과의 만남이다. 자연의 에너지를 얻는 교감이요, 과정이다. 탄력 있는 지구의 피부와 까풀 벗은 내가 만나는 시간이다. 원시적 감각을 일깨우는 행위이다.

수년 전 건강 검진 결과, 복부 비만이라는 진단을 받았다. 균형 있는 식사와 적절한 운동을 하라는 의사의 권유를 듣고 식생활 패턴을 변경하고, 규칙적인 걷기운동을 하기로 마음먹었다. 우선 육

류와 단맛 위주의 식습관을 고치고, 날마다 주변 공원 산책길을 거닐었다.

그러던 어느 날 우연히 이웃으로부터 맨발로 걸으면 지친 발이 시원해지고 조금만 걸어도 운동을 많이 한 것처럼 몸이 가벼워진다는 얘기를 듣게 되었다. 특히 몸이 가벼워진다는 말에 귀가 솔깃했다. 가까운 학교 운동장으로 가서 걷기 시작했다. 처음에는 발바닥이 좀 따갑고 어색했지만 점차 적응해 가고 익숙해졌다.

하루에 삼십 분 남짓 걷기 시작한 지 벌써 삼 년째 접어든다. 매일 빠짐없이 맨발로 걸어온 시간은 나에게 작지만 소중한 변화를 불러왔다. 점점 몸이 건강해지는 느낌을 받았다. 깊은 잠을 이룰 수 있었고, 스트레스가 줄어든 것을 느낄 수 있었다. 늘 아침 늦게까지 자던 내가 일찍 일어나게 되었고, 뱃살도 많이 빠졌다.

맨발로 걷다 보면 신기하게도 조용한 명상에 빠져든다. 걷기 시작하고 얼마 동안은 이것저것 잡념들이 넘쳐나지만 익숙해지면 차츰 마음이 차분히 가라앉는다. 땅속 깊은 곳에서 솟아나는 거대한 기운이 내 발바닥을 통해 올라오는 느낌과 내 몸속에 있던 쓸데없는 전자기가 땅속으로 배출되는 느낌이 그런 안정감을 주는지도 모르겠다. 대지를 맨발로 밟으며 전자기장과의 교류를 통해 건강을 증진하는 활동으로 알려진 '어싱(earthing)'이 바로 이런 게 아닐까 싶다.

어릴 적 시골에서 자란 나는 흙과 친밀했다. 아침이면 졸졸 흐르는 개울물 소리를 들으며 흙길을 밟고 등교했다. 맨발로 운동장을 뛰어다녔다. 고무신이나 딱딱한 운동화보다 맨발이 훨씬 편했고, 비 오는 날이면 흙길에 고무신이 진흙에 빠져나오지 않을 때도 있었다. 그럴 때면 우리는 오히려 맨발로 흙길을 걷는 것을 즐겼다. 진흙과 물웅덩이를 찰박찰박 밟으며 노는 재미가 있었다. 아직도 그때의 흙냄새와 감촉이 기억에 남아 있다.

걷는 행위는 인류가 직립 보행을 한 이후 가장 원초적인 운동이다. 수렵과 채취에 의존하여 먹고살았던 초기 인류는 걷기를 일상적으로 했다. 처음에는 당연히 신발을 신지 않았으니, 맨발의 역사는 수백만 년 동안 이어져 왔다고 해도 과언이 아니다. 최초의 인류가 거처한 아프리카의 사바나 숲에서는 맨발의 역사를 온전히 이어오고 있다. 지금도 여전히 남아프리카의 부시맨은 맨발로 동물을 사냥하고 마사이족들은 사바나의 고원을 맨발로 누비며 생활한다고 한다.

기원전 3세기에 초라한 누더기를 걸치고 아테네 거리를 맨발로 돌아다닌 철학자가 있었다. 바로 소크라테스다. 소크라테스는 사유의 한 방법으로 맨발을 택했다. 그는 심지어 한겨울 차디찬 얼음 위에서도 맨발로 서서 밤을 새워 생각하고 사유하였다고 한다.

오늘날에 이르러선 산업화와 도시화로 인해 사람들은 자연스러운 흙 대신 시멘트와 아스팔트 위를 걷는 게 일상이다. 이런 환경 속에서 살게 보면 정서가 메말라 가기 마련이다. 남을 이해하고 감싸주는 따뜻한 마음보다 차갑고 이성적인 판단을 더 중요시하는 경향이 생기기 십상이다.

흙에서 나고 흙으로 돌아가는 것이 모든 생명체의 숙명일진대 그동안 나는 너무 자연을 멀리한 것 같다. 콘크리트 숲에 살려는 반자연주의적 생활을 해 오지 않았나 싶다. 우연히 이웃의 이야기를 듣고 맨발 걷기를 하며 도시의 단단한 길에 갇혀 잃어버린 감각을 되찾게 된 것이다. 이제는 땅의 감촉을 느끼며 걷는 시간이 하루 중 중요한 일과가 되었다.

다행히 우리나라에서는 수년 전부터 맨발 걷기 열풍이 불어오고 있다. 많은 어싱족이 생겼으며 여러 지자체에서도 인근 공원과 산에 맨발 걷기 황톳길을 앞다투어 만들고 있다. 우리 고장에서도 그런 길을 만들고 있다는 소식이 들린다. 반가운 일이다.

오늘따라 날씨가 화창하다. 자연과 벗하기 딱 좋은 날이다. 집을 나서서 한적한 오솔길을 따라 맨발로 한참 걷다 보니 어느새 몸과 마음이 편안해지고 가벼워지는 느낌이 든다. 힐링 워킹이 따로 없다.

고운 봄날, 영랑의 시심을 만나다

봄기운이 따스하게 물드는 4월의 마지막 토요일, 영랑 김윤식 시인의 생가를 방문했다. 입구로 들어서는 길목에 담쟁이가 아름답게 뒤덮인 담벼락이 펼쳐졌고 그 앞에는 "내 마음 고요히 고흔 봄길우에"라는 글귀가 눈에 띄었다. 생가의 문간채 앞에 「모란이 피기까지는」 시비가 세워져 있어 발걸음을 멈추었다.

"모란이 피기까지는 삼백예순 날 하냥 섭섭해 우읍내다"라는 구절을 보며, 왜 '삼백예순 날'이라고 했는지 궁금했다. 해설사의 설명에 따르면, 꽃을 피우기 위해 준비하는 기간이 360일이며, 3월에 꽃망울이 생겨도 꽃이 피기까지 약 20일이 걸린다고 한다. 모란은 한번 피면 화려하지만, 그 개화 기간은 단 5일 정도로 짧아 금방 진다는 것이다.

그렇게 시 한 편을 가슴에 품고 대문에 들어서니, 구유가 있던 헛간과 광이 있다. 문간채 앞에는 힘을 기르기 위해서 들었다 놓았다 하는 '들돌'이 놓여 있다. 이 돌을 들어 올리면, 성인으로 대우하고 그때부터 온품을 쳐주었다고 한다. 마당 가운데에는 한 포기의 모란이 연초록 이파리가 돋아나는 감나무와 대비를 이루며 아름답게 피었다. 정면으로 보이는 안채에는 영랑의 초상과 목가구들이 고즈넉하게 자리 잡았다. 큰방은 선생의 부친이 거처하였던 방이고, 좌측의 중마루가 있는 작은방은 영랑 선생이 결혼 후 거처하였던 방이라고 한다.

왼쪽에는 복원한 우물이 보였다. '새암'이라는 표지와 함께 영랑 시인과 가족이 사용하던 우물임을 알리는 설명문이 붙어 있었다. 옆으로는 장독대가 깔끔하게 놓여 있었다. 간장, 된장, 김치, 젓갈 등을 담갔던 이곳에서는 영랑의 누이가 장독을 열 때 단풍 든 감나무잎이 떨어지는 모습을 보고 "오매 단풍 들것네"라고 속삭였다는 이야기가 전해진다. 이에 영랑은 「누이의 마음아 나를 보아라」라는 시를 지었다고 한다. 따스한 오누이의 정감 어린 모습이 떠오른다. 영랑은 단풍에 마음이 끌린 누이를 건너편 툇마루에서 바라보고 있었을 것이다.

무언가에 이끌리듯 안채의 뒤곁으로 가 보았다. 올곧은 대나무 숲 아래 수백 년은 된 것처럼 보이는 동백나무 다섯 그루가 서 있다. 영랑이 사랑하던 동백이라고 한다. 그가 지은 「동백닢에 빛나는 마음」의 시구를 적어 놓은 시비가 있다. 적힌 시를 읊어보았다. 마음 한쪽 어딘가 순수한 내면을 통찰하려는 마음이 깃들어 있는 듯하다. 일제의 억압 속에서도 내면의 평화를 찾고자 했던 그의 마음이 느껴진다. 아마 영랑 시인은 저 나무들 밑에서 고요한 마음으로 시상을 가다듬으며 이 시를 지었으리라.

곧이어 뒤란 대숲 길을 따라 오르니, 세계 모란공원이 눈앞에 펼쳐졌다. 한국 토종 모란은 물론, 머나먼 미국, 영국, 네덜란드 등 8개국에서 온 50여 종의 다채로운 꽃송이들이 저마다 아름다운 색깔을 뽐내고 있었다. 특히, 백 년의 세월을 품은 모란이 터뜨린 화려한 꽃망울은 황홀한 광경 그 자체였다. 그 화사한 꽃의 향연을 뒤로하고, 다시 대숲의 은은한 속삭임에 귀 기울이며 영랑 시인이 시혼을 불태우던 사랑채로 갔다.

넓게 이어진 툇마루는 세월의 흔적을 고스란히 안고 있었다. 초가지붕의 부드러운 곡선, 둥근 기둥, 그리고 섬세한 서까래는 오랜 시간을 견뎌온 듯 그윽한 정겨움을 풍겼다. 어딘가 모르게 기울어진 듯한 집의 모습은 「사개 틀린 고풍의 툇마루에」라는 시 구절을 떠올리게 했다. 아마도 선생이 살아생전부터 그러했던 모습이리라.

방 안으로 조심스럽게 발을 들였다. 그곳에는 영랑 선생이 집필하는 모습을 재현한 밀랍 인형이 놓여 있었다. 순간, 시간의 흐름이 멈춘 듯 묘한 기운이 감돌았다. 사랑채 뒤로는 싱그러운 대나무 숲이 바람에 흔들리며 은은한 운치를 더하고, 앞으로는 아담하고 아름다운 정원과 나무들이 조화롭게 어우러져 있었다. 이토록 서정적인 풍경 속에서라면, 사계절 내내 시의 선율이 끊이지 않고 흘러나왔으리라.

마루에 슬쩍 걸터앉아, 그런저런 생각과 더불어 그의 시 한 편 되새겨보는 것도 좋겠다고 생각하고 있던 참인데 해설사가 「쓸쓸한 뫼 앞에」 시를 낭송해 주었다.

"쓸쓸한 뫼아페 후젓이 안즈면/ 마음은 갈안즌 양금줄가치// 무덤의 잔디에 얼골을 부비면/ 넉시는 향맑은 구슬손 가치// 산골로 가노라 산골로 가노라/ 무덤이 그리워 산골로 가노라"

"쓸쓸한 뫼아페"라는 시구가 마음속을 맴돌아 발길을 되돌려서 "한 번만 더 들려주시오!" 부탁했더니 눈을 지그시 감고 혼이 서린 듯한 얼굴빛으로 다시 나직이 읊어준다. 순간, 나도 모르게 전율이 저릿저릿 일었다. 살며시 돌아서 눈시울을 적셨다. 그는 아마 모르리라. 그가 낭송하는 시를 듣고 한 시객이 뭉클한 감동을 받고 갔다는 사실을….

집으로 돌아와서도 가슴이 저렸다. 일제에 예속되었던 암울한 시대적 상황 속 슬픔을 시로 표현하여 우리에게 깊은 울림을 주는 영랑 시인을 다시 한번 생각해 본다. 그의 아름다운 시는 시공을 초월하여 오늘의 내 가슴에도 흐르고 있다.

생존의 몸부림

초여름의 햇살이 뜨겁게 내리쬐던 어느 날, 시골집 마당을 거닐다가 문득 발걸음을 멈췄다. 그곳에는 여느 해보다 왜소한 모습의 코스모스 몇 포기가 마른 땅 위에 힘겹게 서 있었다. 줄기는 성냥개비처럼 바싹 말라 있었고, 조금만 힘을 주면 부러질 듯 가냘팠다. 메마르고 갈라진 흙은 심한 가뭄의 흔적을 고스란히 드러내고 있었다.

그런데 놀랍게도 그 마른 줄기 끝에, 작고도 선명한 꽃봉오리 하나가 달려 있었다. 코스모스는 가을의 전령이라는데, 이처럼 이른 여름에 꽃을 피우려 하는 이유는 무엇일까. 그때 깨달았다. 그것은 꽃이 피는 시기를 모른 탓이 아니었다. 푸른 잎조차 키울 수 없는 척박한 환경 속에서, 코스모스는 모든 생존의 에너지를 오직

'피어남'에 집중하고 있는 듯 보였다. 씨앗을 맺기 위한 최후의 선택. 생존을 위한 절박한 전략이었으리라. 그 작은 꽃은 절박한 외침처럼 느껴졌다. 생의 끝자락에서 피워낸 찰나의 아름다움. 그것은 고요하지만, 분명한 몸짓으로, 살아 있음을 말하고 있었다. 생존이란, 이토록 치열하고도 숭고한 것이었다.

이처럼 경이로운 생명력은 코스모스만의 이야기가 아니다. 자연은 늘 자신만의 방식으로 고난을 견디며 살아간다. 멀리 북극의 툰드라에는 사계절에 따라 옷을 바꾸는 북극여우가 산다. 여름에는 갈색 털로 바위와 흙에 숨어들고 겨울이 오면 새하얀 털로 갈아입는다. 그저 외양만의 변화가 아니다. 그것은 자신의 존재를 지키기 위한 지혜이자, 환경에 순응하며 살아가는 생존의 방식이다.

사막의 한가운데 선인장도 마찬가지다. 한낮의 불볕더위와 밤의 급격한 기온차 속에서도 푸른 생명을 유지한다. 날카로운 가시는 외부의 위협을 차단하고 두툼한 줄기는 수분을 머금은 채 건조한 땅 위를 버텨낸다. 도움 없이 자신을 지켜낸 강인함, 그것이 선인장을 사막의 주인으로 만들었다.

생명의 기적은 특별한 장소에만 존재하지 않는다. 우리는 주변의 평범한 사람들 속에서도 숱한 생존의 지혜를 만난다.

우리 동네 어귀에 자리한 채소 장수 아주머니가 있다. 그녀는 남편을 여읜 뒤 홀로 가족을 부양하기 위해 가게를 열었으나, 대형마트에 밀려 가게를 접고 작은 트럭으로 노점 장사를 이어갔다. 이십여 년 넘게 같은 자리를 지키며 묵묵히 사람들을 맞았다. 특별한 간판도, 거창한 홍보도 없었지만, 그녀의 장사는 늘 생기를 잃지 않았다.

그 비결은 인간적인 온기였다. 그녀는 단골손님의 얼굴과 기호를 기억하고 때로는 외상으로 마음을 어루만졌다. 그것은 단순한 거래를 넘어선 신뢰의 나눔이었다. 그녀의 장터는 이웃들의 사랑방이 되었고, 삶의 작은 위로가 되었다.

골목 안 오래된 사진관도 비슷하다. 누구나 휴대전화로 사진을 찍는 시대지만, 이 사진관은 여전히 증명사진과 가족사진을 찍으려는 단골손님이 끊이지 않는다. 사진사는 단지 버튼을 누르는 기술자가 아니었다. 렌즈 너머 사람들의 마음과 표정을 읽어내는 장인이었다. 기계가 흉내 낼 수 없는 섬세한 감성과 손길이 이 사진관의 생존 이유였다.

결국 생존이란, 거대한 힘이 아닌 유연한 적응과 고유한 방식으로 삶을 이어가는 지혜에 있다. 척박한 땅에서 꽃을 피운 코스모스, 털갈이로 존재를 지키는 북극여우, 가시와 수분으로 생명을 보전하는 선인장. 그리고 인간적 온기로 손님을 맞은 노점상, 추억을 담아낸 사진관까지. 이들은 각자의 방식으로 생의 자리를 굳건히 지켜냈다.

우리의 삶도 마찬가지다. 예측할 수 없는 변화 속에서 우리는 적응하고, 때로는 버티며 다시 피어난다. 삶은 끊임없는 조율의 연속이며, 존재는 그 속에서 더욱 단단해진다.

내 삶 속에는 어떤 생존의 춤이 새겨져 있을까. 나는 어떻게 나만의 방식으로 피어오르고 있는가. 그리고 그 춤은, 누군가의 마음에 잔잔한 여운으로 남을 수 있을까.

꿀벌의 위기

여름의 햇살은 늘 강렬했다. 어린 시절 시골집 마당 끝, 키 작은 채송화와 봉숭아가 알록달록 피어 있던 화단에는 나비와 벌이 한데 어울려 날아다니곤 했다. 나는 풀밭에 엎드려 꽃잎 속을 들여다보곤 했는데, 그곳에는 어김없이 작은 벌들이 드나들고 있었다. 처음엔 그들이 무섭기만 했다. 검고 노란 줄무늬, 윙윙거리는 날갯짓, 언제라도 쏠 듯 곤두선 침. 하지만 오래 바라보고 있으면, 그 작은 몸짓에 묘한 질서와 조화가 있음을 깨닫게 되었다. 꽃술에 머리를 파묻고 온몸에 가루를 묻힌 채 바삐 움직이는 모습은, 어린 나에게 '부지런함'이란 말보다 더 확실한 교훈이 되었다.

나는 언젠가 호기심을 참지 못하고 벌의 뒤를 따라가 본 적이 있다. 마당을 지나 벌의 날갯짓을 쫓다 보니 오래된 장독대 옆, 나무 상자 속으로 날아드는 벌떼가 보였다. 그것이 내가 처음 본 양봉장이었다. 흰 천 모자를 쓴 이웃 아저씨가 조심스럽게 연기를 피워 벌통을 열고 있었다. 순간 벌들이 일제히 흩어져 하늘을 메우는 광경은 마치 검은 구름이 소용돌이치는 듯 웅장했다. 그러나 아저씨는 조금도 당황하지 않았다. 두툼한 장갑을 낀 손으로 벌집 틀을 꺼내 들자, 그 안은 황금빛으로 반짝였다. 꿀이 주르르 흘러내리며 햇살에 부딪혀 눈부신 빛을 냈다. 아저씨는 흐뭇한 웃음을 지으며 말씀하셨다. "애들 덕분에 올겨울도 거뜬하겠지."

그 말은 단순히 한 농부의 수확을 넘어, 인간이 꿀벌에게 얼마나 깊이 기대어 사는지를 어린 마음에도 알게 했다.

꿀벌은 끝없이 일한다. 한 마리 벌이 꿀 한 방울을 모으기 위해 수십 송이에서 수천 송이의 꽃을 찾아야 한다는 사실을 나중에 책에서 알게 되었을 때, 나는 놀라움을 넘어 숙연해졌다. 우리 입에 달콤한 꿀이 닿기까지 얼마나 많은 날갯짓이 쌓여 있는가. 작은 꿀 한 스푼에 깃든 노동의 무게를 가늠했다.

성인이 되어 도시로 와서도, 나는 꿀벌을 떠올리곤 했다. 빽빽한 건물 숲 사이, 공원의 작은 꽃밭에서 우연히 마주친 꿀벌은 내 마음을 오래 붙들었다. 허술한 화분 속의 분꽃과 봉선화를 오가며 꿀을 빠는 그 모습은, 삭막한 도시의 하루에 작은 숨결을 불어 넣어 주었다. 사람들은 휴대폰 화면을 보느라 바쁘게 걸었지만, 나는 잠시 걸음을 멈추고 그 작은 벌의 비행을 따라가고 있었다. 도시의 회색빛 틈새에서 꿀벌이 존재한다는 사실만으로도, 세상은 아직 회복될 수 있다는 희망을 품게 했다.

그러나 동시에, 꿀벌은 점점 사라지고 있었다. 통계에 따르면 세계적으로 꿀벌 개체수는 지난 수십 년간 급격히 감소했다. 농약 사용, 서식지 파괴, 기후 위기, 그리고 우리가 만들어낸 수많은 환경 변화가 그 원인이었다. 미국과 유럽에서는 '꿀벌 실종 현상(Colony Collapse Disorder)'이라는 말이 등장할 정도로 벌떼가 흔적 없이 사라지는 사건이 이어졌다. 우리나라 농촌에서도 예전만큼 벌을 보기 어렵다는 말이 심심치 않게 들린다.

벌이 줄어든다는 것은 단지 꿀의 양이 줄어든다는 의미가 아니다. 꿀벌은 지구 생태계에서 꽃가루받이를 담당하는 중요한 존재다. 세계 식량 작물의 상당 부분이 꿀벌의 수분 활동에 의존한다는 사실을 알게 되었을 때, 나는 서늘한 두려움에 사로잡혔다. 만약 꿀벌이 사라진다면, 우리의 밥상은 어떻게 될까? 우리가 매일 먹는 사과, 참외, 수박, 심지어 커피까지도 꿀벌의 도움 없이는 자라기 어렵다. 꿀벌의 부재는 곧 우리의 삶이 무너지는 일과 다르지 않다.

기후 위기가 그 불안을 더 키우고 있다. 이른봄 갑작스러운 이상 고온은 꽃이 일찍 피었다가 금세 져버리게 만들고, 여름의 폭염은 꿀벌의 날개를 태운다. 가뭄과 홍수로 먹이가 사라진 꿀벌은 더이상 제 역할을 하지 못한다. 그 빈자리는 고스란히 인간에게 돌아온다.

나는 때때로 어린 시절의 기억을 떠올린다. 마당에서 벌을 따라가던 아이, 벌통 속 황금빛 꿀을 바라보던 순간, 그 모든 것이 지금은 멀어진 풍경처럼 아득하다. 그러나 여전히 옥상 화단의 작은 꽃밭에서 꿀벌을 볼 때면, 나는 마음속 깊은 울림을 느낀다. 작은 날갯짓이지만, 그것은 거대한 지구 생명의 톱니바퀴를 움직이는 힘이다.

우리가 꿀벌을 지키는 일은 결국 우리 자신을 지키는 일이다. 한 마리 벌의 부지런한 비행 속에는 우리가 잊고 사는 상호 의존의 진실이 담겨 있다. 인간은 혼자가 아니다. 꽃은 벌이 필요하고, 벌은 꽃을 찾아 날며, 그 결과 인간의 삶 또한 지탱된다.

이제는 우리가 대답해야 할 차례다. 도시 옥상에 작은 화분을 두는 일, 농약을 줄이고 생태계를 돌보는 일, 기후 위기를 늦추기 위한 작은 실천들. 그것이 곧 꿀벌을 위한 날갯짓이자, 우리의 미래를 위한 약속일 것이다.

처음 호기심에 벌을 따라갔던 기억처럼, 나는 여전히 꿀벌의 날갯짓을 좇는다. 그 작은 소리는 나에게 속삭인다. "혼자서는 아무것도 이룰 수 없다."

오늘도 창가에 앉아 귀를 기울이면, 어디선가 윙윙거리는 노랫소리가 들려오는 듯하다. 꿀벌의 날개 끝에서 시작된 그 노래는, 사라짐의 두려움을 넘어 다시 살아낼 희망으로 이어지고 있다.

2부

봄날의 작은 꽃들

봄날의 작은 꽃들

흙냄새가 훈훈히 감돈다. 논벌 건너 저만치 높나직한 산들이 병풍처럼 둘러서 있고 나들이 나온 바람은 상글거리며 내 얼굴을 핥고 지나간다. 길섶 덤불 속에 모습을 숨긴 휘파람새의 울음소리가 간간이 귓바퀴를 간지럽힌다. 좋다. 마냥 좋기만 하다. 얼마나 오랜만에 느껴보는 유쾌한 즐거움인가.

얼마 걷지 않아 한적한 두렁길로 올라섰다. 길가 풀섶에는 냉이, 민들레, 봄까치풀, 광대나물이 눈에 띄었다. 그중에서 봄의 전령사 노릇을 톡톡히 해내고 있는 봄까치풀 꽃이 유독 눈길을 끌었다. 이 풀꽃은 이른봄에 흔히 보는 들꽃 중에 하나다. 어린아이 손톱 크기의 옅은 하늘색 꽃이어서 언뜻 보면 꽃인 줄도 모르고 지나치기 십상이다. 자세히 보려면 어떻게든 가까이 다가갈 수밖에 없는데, 그러다 보면 애틋한 마음마저 생기고 꽃송이가 작아도 갖출 것은 다 갖추어 아주 깜찍하고 예쁘다.

하지만 이 들꽃의 정식 명칭만 떠올리면 금세 마음이 거북해진다. 이 꽃 이름을 처음 알게 되었을 때의 충격이 여태껏 가시지 않고 있다. 이 풀꽃의 정식 명칭은 '큰개불알꽃'이다. 이름이 너무 민망해 이게 정말 정식 명칭일지 의심이 갔다. 아니길 바랐다.

이 풀이름은 '마키노'라는 일본인 식물학자가 일제 강점기에 붙인 것이다. 열매가 개의 음낭을 닮았다고 해서 그렇게 붙였다고 한다. 꽃의 이름치고는 너무 민망하다는 생각이 들지만, 그는 나름 깊이 생각하고 그렇게 지어 불렀으리라. 이런 종류의 이름이 한둘 아니다. 우리나라 식물 중에는 유난히 '개', '좀', '쥐' 자가 들어가는 것들이 많다. '개망초', '쥐오줌', '좀민들레' 등이 그런 이름들이다. 이런 이름 다수가 일본의 영향을 받았다고 하니, 부끄럽기 그지없다.

그뿐만 아니다. '큰개불알꽃'을 비롯해 '며느리밑씻개', '도둑놈의갈고리', '좀개갓냉이' 등도 일본 이름에 뿌리를 두고 있다. 며느리밑씻개의 일본말은 '의붓자식의 밑씻개'이다. 일본말을 흉내 내면서 우리가 오히려 한술 더 뜬 꼴이다. 심지어 개나리는 일본어 표기에 '개' 자가 들어가 있지 않은데도 일본식 교육을 받은 우리 학자들이 '개' 자를 넣어 이름을 지은 경우라고 한다. 봄철에 개나리만큼 아름다운 꽃도 드문데 왜 그렇게 '개' 자를 가져다 붙였는지 의문이다. 이런 이름을 가진 식물들을 대할 때마다 불편한 느낌이 든다.

사물의 이름은 그 사물을 어떻게 대하는가를 말해 주는 지표다. '큰개불알꽃'이라고 불렀을 때와 '봄까치꽃'이라고 불렀을 때의 느낌이 판이하다. 느낌이 다르면, 그 이름을 가진 사물을 대하는 태도도 달라질 수밖에 없다. 일본인 학자들은 그렇다 치고, 해방 후에도 이런 일본어 이름들이 살아남아, 우리나라 식물학자들이 펴낸 식물도감에까지 그대로 올라가 있다는 사실이 씁쓸하다.

그렇다고는 하나 광복 후 1970년대에 우리나라의 한 식물학자가 개불알이라는 이름이 너무 저속하다는 이유로 개명을 요청하면서 어렵게 이름을 바꿀 수 있었다고 한다. 그런 연유로 큰개불알꽃과는 종류가 다르지만, 이름이 거의 똑같은 '개불알꽃'이라는 식물의 이름을 요즘에는 '복주머니란'이라고 바꾸어 부르기도 한다. 이 사례를 본보기로 삼아 개칭할 필요가 있는 야생 식물들이 아직도 많이 있다. 애정을 가지고 보면 이름이 달라진다. 개명할 수 없는 것도 아니다. 그동안 많은 식물학자 중에 누구도 이 양상을 바로잡으려고 하지 않았다는 사실이 놀랍다. 정식 명칭을 고수하는 게 학자들이 지녀야 할 태도라고 하더라도, '개불알'이나 '밑씻개' 같은 일본식 이름까지 지켜내려는 태도는 이해하기 어렵다. 국제적인 규약을 지켜야 하는 '학명'은 손을 댈 수 없다고 해도, 우리가 일상적으로 부르는 이름은 충분히 고칠 수 있었던 게 아닌지

묻고 싶다.

기분 좋게 산책을 마쳤는데도, '큰개불알꽃'이라는 명칭을 생각하니 마음 한구석이 찜찜했다. 슬며시 창밖으로 눈을 돌리니, 그 사이 바짝 다가온 봄이 목련꽃을 터트리고 연이어 다른 꽃들을 피울 채비를 서두르고 있었다. 즐겁고 따스한 봄, 손끝이 터트릴 꽃봉오리들만 보아도 이리 기쁜 것을.

혀끝에서 피어나는 봄

겨울 끝자락이었다. 여전히 아침 공기는 매서웠다. 창문을 열자, 얼음장 같은 바람이 방 안으로 스며들어 목덜미를 훑고 지나갔다. 두툼한 외투 깃을 세우고 골목을 나섰다. 발밑의 얼음이 사각사각 부서지는 소리가 났다. 그 소리를 밟으며 걷는데, 코끝에 묘하게 다른 냄새가 스쳤다. 차가운 흙냄새 속에 아주 희미한 풀향이 섞여 있었다. 눈앞 들판은 아직 황갈색이었는데, 후각이 먼저 알아챘다. 봄이 오고 있었다.

몸의 감각도 어딘가 달라졌다. 한겨울 내내 조여 있던 근육이 조금씩 풀리는 기분이었다. 장작불 앞에 오래 두었던 빳빳한 장갑도 서서히 부드러워지는 듯했다. 나른함이 몰려오고, 입맛은 묘하게 예민해졌다. 겨울의 기름지고 묵은 음식이 슬슬 실증이 났다.

시장 어귀에서 할머니가 사과를 깎는 소리가 들렸다. 그 사각거림만으로도 입안 가득 침이 고였다. 혀는 이렇게 계절을 가장 먼저 알아차린다.

정월 대보름 무렵이 되면 어머니의 손길이 바빠졌다. 부엌 구석 장독대 옆에서 한 해를 넘긴 시래기, 말린 호박, 고사리를 하나둘 꺼냈다. 커다란 솥에 물이 끓기 시작하면, 나물들이 뜨거운 물을 머금고 느릿느릿 부드러워지기 시작했다. "묵은나물 먹고 올여름 더위도 이겨야지." 어머니는 그렇게 말씀하셨다. 그날 저녁, 나물 접시가 식탁 한가운데 놓였다. 은은한 들기름 냄새와 함께 겨울의 마지막 맛이 입 안에서 풀렸다. 그건 단순한 반찬이 아니라, 지나간 계절과 작별하는 의식이었다.

며칠 후, 냉이가 장터에 모습을 드러냈다. 기다란 모양의 뿌리에서 가는 줄기가 뻗고, 그 끝에 톱니 모양의 잎이 파릇하게 솟아 있었다. 손에 쥐면 묵직한 흙내가 났다. "아이고, 올해 냉이는 향이 진하네." 시장 아주머니가 냄새를 맡으며 말했다. 집에 돌아오자마자 아내는 큰 대야에 냉이를 담아 놓았다. 손끝에 닿는 잎사귀는 차갑고 부드러웠다. 된장국에 냉이를 넣으니, 구수한 향과 쌉싸래한 풀향이 뒤섞여 부엌 가득 번졌다. 한 숟갈 국물을 뜨니 목 안에 가득 시원함이 퍼졌다. "봄 처녀 제 오셨네." 나도 모르게 콧노래가 흘렀다.

달래는 또 다른 표정을 하고 있었다. 시장 한쪽, 바구니에 담긴 달래 뿌리가 하얗게 빛났다. 잎사귀는 가늘었지만 힘이 있었다. “이건 그냥 간장에 무쳐도 맛있지.” 아내는 작은 봉지를 집어 들었다. 집에 오자, 부엌에서 달래를 송송 썰어내는 소리가 경쾌하게 울렸다. 간장과 참기름, 깨소금을 섞은 달래간장은 특유의 알싸한 향을 품었다. 뜨끈한 밥 위에 한 숟갈 얹어 비비니, 김이 모락모락 오르며 코끝을 찔렀다. 한입 먹는 순간, 혀끝에 알싸함이 감돌며 온몸에 활기가 돋는 듯했다.

봄동은 이름만큼이나 순박한 얼굴을 하고 있었다. 가을에 수확하지 않은 배추 뿌리에서 다시 싹이 올라, 잎은 옆으로 넓게 퍼져 있었다. 장터에서 만난 봄동은 얼었다가 녹기를 반복한 흔적이 잎맥마다 새겨져 있었다. 씹으니 단맛과 고소함이 번졌다. 아삭아삭한 소리가 입 안을 가득 메우며 봄의 싱그러움을 노래하는 듯했다. 아내는 봄동겉절이를 무치며 말했다. “이건 밥도둑이야.”

쑥은 들판에서 만났다. 흙을 헤집고 나온 연한 잎사귀에서 특유의 진한 향이 올라왔다. 어릴 적, 보릿고개 때 어머니는 쑥을 캐서 떡을 하셨다. 그 떡은 배고픔을 달래주는 귀한 음식이었다. 오늘날 쑥 향을 맡으면 그때의 기억이 되살아난다. 쑥국을 끓일 때 부엌을 감싸는 향기는 단순한 풀 향이 아니라, 세월을 견뎌온 사람들의 숨결 같았다.

그리고, 두릅. 차가운 잿빛 산에도 여린 초록빛이 움트는 때였다. 가시 돋친 가지 틈새로 힘껏 솟아오른 새순을 보며, 나는 장갑

낀 손으로 조심스레 두릅을 꺾었다. "두릅은 가시가 세서 조심해야 한다." 어릴 적 아버지의 말씀이 문득 귓가에 맴돌았다. 당신은 억센 가시에 찔려도 아픔을 내색하지 않은 채 묵묵히 두릅을 따곤 하셨다. 살짝 데친 뒤 새콤달콤한 초고추장에 찍어 먹는 쌉싸래하면서도 향긋한 그 맛 속에서, 아버지의 거친 손마디와 삶의 고단함이 함께 배어 있는 듯해 가슴이 뭉클해졌다.

봄나물은 내게 단순한 제철 음식이 아니다. 그것들은 겨울을 버틴 증거이고, 가난했던 시절의 생명줄이었으며, 가족이 모여 웃을 수 있게 한 이유였다. 나물 한입에 담긴 것은 흙과 햇빛, 바람뿐만 아니라 사람들의 이야기였다.

들판에서 흙을 만지고, 향을 맡고, 입으로 맛보는 순간, 계절과 다시 연결된다. 봄이 깊어지기 전에 아내와 같이 또 나물 바구니를 들고 들판으로 나설 것이다. 바구니 속에는 향긋한 냉이와 달래만이 아니라, 겨울을 견뎌낸 내 마음도 함께 담겨 있을 것이다. 봄은 혀끝에서 피어난다.

봄을 톡톡 터트리는 '봄동'

겨울의 마지막 입김이 땅거미에 스미고, 차가운 공기 속에서도 어딘가 포근한 기운이 감돌 때, 내 혀끝은 먼저 알아차린다. 아, 봄이 오는구나. 꽃망울이 터지기 전, 흙냄새 속에서 피어나는 싱그러운 기척. 그중에서도 가장 먼저, 선명하게 봄을 알리는 것은 바로 봄동이다.

시장 어귀, 투박한 바구니에 담긴 봄동은 여느 채소와 다르다. 풍성하고 꼿꼿한 배추와는 달리, 납작하게 땅에 바싹 엎드린 모습이 영락없이 겨울을 온몸으로 견뎌낸 존재임을 말해준다. 잎사귀는 얼었다가 녹기를 반복한 흔적인지 잔주름이 자글거리고, 푸르뎅뎅한 겉잎에는 간혹 흙먼지가 묻어 있다. 언뜻 볼품없어 보이지만, 그 속에 감춰진 봄의 생명력은 감히 무엇과도 비교할 수 없다.

나는 조심스럽게 봄동 한 포기를 집어 든다. 손끝에 닿는 잎사귀의 단단하면서도 묘하게 부드러운 감촉. 아직 완연한 봄이 오지 않았건만, 이 작은 채소는 이미 봄의 모든 것을 품고 있는 듯하다. 집으로 가져와 찬물에 깨끗이 씻어내자, 흙과 서리의 흔적을 벗어던진 잎맥들이 더욱 선명하게 드러난다. 노랗게 감춰진 속살은 마치 어린아이의 속마음처럼 순수하고 여리다.

봄동은 된장국에 넣어 끓이면 구수한 된장 향 사이로 풋풋한 봄동 내음이 아지랑이처럼 피어난다. 한 입만 먹어도 따뜻한 기운과 함께 봄동 특유의 은은한 단맛이 목을 타고 넘어간다. 겨우내 움츠렸던 속이 해사하게 풀리는 기분이다.

하지만 봄동의 진가는 역시 겉절이에 있다. 아삭한 식감을 살리기 위해 툭툭 썰어낸 봄동에 고춧가루, 마늘, 참기름을 넣고 손으로 조물조물 무친다. 이때, 어머니가 즐겨 쓰시던 특제 양념장을 잊지 않는다. 매콤달콤하면서도 감칠맛 나는 그 양념이 봄동 잎사귀 사이사이에 스며들면, 이미 침샘은 요동치기 시작한다.

따뜻한 밥 위에 갓 무친 봄동겉절이를 한 점 올린다. 젓가락으로 집어 입에 넣는 순간, "아삭!"하고 경쾌한 소리가 터져 나오며 봄동 특유의 상큼하면서도 고소한 맛이 입안 가득 퍼진다. 마치 긴 겨울잠에서 깨어난 봄기운이 혀끝에서 톡톡 튀어 오르는 듯하다. 씹으면 씹을수록 달콤한 맛이 우러나오고, 향긋한 풀 내음이 코끝을 간질인다. 그 맛은 단순한 채소의 맛이 아니라, 땅의 기운과 햇살의 온기, 그리고 겨울을 이겨낸 인고의 시간이 농축된 생명의 맛이다.

어릴 적, 밥상이 가난했던 시절에도 어머니는 늘 밭에서 캐온 봄동으로 식탁을 풍성하게 채우셨다. 그 시절의 봄동은 온 가족의 배고픔을 달래주고 삶의 활력을 불어넣어 주던 소중한 존재였다. 봄동 한입에 담긴 것은 흙냄새와 바람 소리만이 아니었다. 그것은 우리 가족의 이야기였고, 팍팍한 삶 속에서도 피어났던 희망의 조각들이었다.

오늘도 나는 봄동겉절이를 한입 베어 물며, 그 속에 담긴 따스한 기억과 굳건한 생명력을 느낀다. 혀끝에서 퍼지는 봄동의 맛은 단순히 미각을 자극하는 것을 넘어, 마음속 깊이 잠자고 있던 봄날의 추억을 깨우고, 앞으로 다가올 계절에 대한 기대를 불러일으킨다. 봄동은 내게, 혀끝에 서성이는 봄날의 노래이다.

이역만리에서 피어난 리치 한 그루

우리 집 베란다에는 특별한 손님이 산다. 수천 리 떨어진 이국에서 건너온 씨앗 하나가 기적처럼 싹을 틔우고, 이제는 나무로 자라난 리치(荔枝)다. 빨갛고 울퉁불퉁한 껍질 속 하얀 과육이 일품인 아열대 과일. 뷔페나 마트에서 흔히 볼 수 있는 그 과일이지만, 우리 집의 리치는 단순한 열매 그 이상이다.

2005년 6월, 중국 항저우와 쑤저우를 여행하던 중 맛본 리치가 유난히 달콤했다. 혹시나 하는 마음에 몇 알을 챙겨 돌아왔다. 남은 씨앗을 베란다의 빈 화분에 묻어두었다. 별 기대 없이 한 일이었다. 그런데 이듬해 놀랍게도 두 개의 싹이 올라왔다. 흙을 밀치고 올라온 가느다란 줄기는 어느새 잎을 내고 줄기를 키우며 조용히 자라났다.

리치는 아열대성 식물이다. 따사로운 햇살과 높은 습도를 좋아하고, 서늘한 바람과 혹한에는 약하다. 한국의 겨울은 리치에게 적대적인 계절일 수밖에 없다. 하지만 우리 집 리치는 어엿한 청년 나무가 되었다. 20년 가까이 모진 겨울을 견디며 매년 푸른 잎을 피워냈다. 나는 리치의 존재에서 어떤 생명력의 신비를 본다. 적응을 넘어선 끈기와 버팀의 상징. 그래서일까. 베란다의 다른 화초들과 달리, 이 나무를 대할 때면 마음이 사뭇 경건해진다.

그날도 여느 날처럼 베란다 정원을 돌보다가 리치의 잎에 뭔가 묻은 듯 보여 가까이 다가갔다. 반짝이는 액체가 잎 앞면을 따라 끈적하게 맺혀 있었고, 그 주변에는 좁쌀만 한 작은 벌레들이 다닥다닥 붙어 있었다. 처음엔 당황했지만, 곧 조심스럽게 부드러운 헝겊에 우유를 묻혀 벌레를 닦아냈다. 그리고 남은 액체를 손끝으로 찍어 맛보았다. 달콤했다. 아마도 벌레들이 잎을 자극하며 당분을 분비하게 했던 모양이다. 순간, 어쩌면 이 달콤함은 고통 속에서 만들어진 것일지도 모른다는 생각이 스쳤다.

만약 이 리치를 남중국의 노지에 심었다면, 가지마다 탐스러운 열매가 주렁주렁 열렸을지도 모른다. 그러나 내 욕심에, 무모한 애정에 먼 타국의 아파트 베란다에 뿌리내리게 되었고, 이역만리의 긴 겨울을 견디는 삶을 살아야 했다. 그 생각을 하니 괜스레 미안한 마음이 밀려온다. 마치 낯선 땅에서 적응하느라 애쓰는 이방인처럼, 리치는 내가 만든 작은 세계 안에서 살아가고 있다. 그 고단한 숨결이 고스란히 내 마음에 전해진다.

문득, 리치에 얽힌 역사가 떠오른다. 당 현종의 총애를 받았던 양귀비. 그녀는 리치를 유난히 좋아했다. 매년 5월, 남쪽 지방에서 갓 수확한 신선한 리치를 먹기 위해, 황제는 빠른 말과 숙련된 기수를 동원했다. 2천 킬로미터가 넘는 거리를 릴레이로 달려야 했고, 병사와 말이 더위에 지쳐 쓰러지는 일이 비일비재했다. 심지어 산적에게 목숨을 잃는 일도 있었다. 양귀비의 미소는 그 많은 희생 위에 피어난, 가장 화려하고도 잔혹한 웃음이었다.

백거이의 시 「화청궁을 지나며」에 이런 구절이 있다.

“뽀얀 먼지 속 말 한 필에 양귀비 미소 짓건만 / 리치가 온 것이라 어느 누가 짐작하랴.”

백성들은 그 말을 보며 나라의 중대사를 떠올렸지만, 그 뒤에 숨겨진 무수한 희생과 애틋한 욕망은 알지 못했으리라. 오늘 내 베란다에서 자라는 리치 한 그루를 통해, 나는 수백 년 전의 역사와 인간의 집착, 사랑의 잔재까지 함께 바라보게 된다. 리치는 나에게 단순한 과일이 아니라, 시간과 공간을 넘나드는 하나의 서사다.

생명이란 본디 연약한 것이다. 씨앗 하나가 흙을 만나 뿌리를 내리는 것은 우연처럼 보이지만 실은 천운이다. 난초 한 촉도 생명의 위기감을 느껴야 꽃을 피운다고 하듯, 죽을힘을 다할 때 기적이 일어난다. 살아남기 위해 안간힘을 쓰는 존재에게 고통은 끝이 아니라 시작이다. 리치가 이 베란다에서 살아남기 위해 겪는 고통은, 어쩌면 살아 있으라는 생명의 신호 아닐까. 시시포스가 돌을 굴리는 고통처럼, 반복되지만 멈출 수 없는 삶의 순환 속에서 우리는 살아 있음을 깨닫는다.

이 리치는 베란다라는 제한된 공간에서 수많은 계절을 보냈다. 찬바람을 막아주고, 햇살을 끌어당기며, 나는 그 곁에 머물렀다. 리치는 어느새 나의 마음을 닮아 있었다. 한 그루 나무를 키우는 일은, 누군가를 보살피는 일과 크게 다르지 않다. 사랑해서 키우든, 키우다 사랑하게 되든, 결국은 그 마음이 뿌리가 되어 생명이 자라는 것이다.

"잘 키워보고 싶었죠."

어느 날 문득 내 입에서 튀어나온 말이었다. 나도 모르게 뭉클해졌다. 그 한마디에 담긴 마음은 깊고 오래되었다. 정말 잘 키워보고 싶었고, 지금도 잘 키우고 싶다. 키우는 일은 고되고 때론 버겁지만, 삶의 목적이 되어버릴 때가 있다. 한 생명을 책임진다는 것은 단순한 돌봄 그 이상이다. 나의 시간과 감정, 마음을 건네는 일이기 때문이다.

"아가, 나는 정말 그랬단다. 얘야, 너를 키우는 마음이 정말 그랬어."

이 말은 리치에게만 하는 말이 아니다. 어느 날 나의 아이에게, 혹은 내 삶을 함께한 누군가에게 남기고 싶은 진심이다. 우리는 근심하고, 노력하고, 애타는 마음으로 누군가를 키운다. 나무든, 아이든, 마음이든. 그래서 그 생명이 제자리를 찾아 자라나는 순간, 우리는 작은 신의 마음을 엿보게 되는지도 모르겠다.

이 마음을 먹고, 세상의 모든 식물이, 그리고 모든 생명이 잘 자라나면 좋겠다. 베란다의 리치처럼.

불볕 속에 새겨진 것들

대지는 헐떡이며 뜨거운 숨결을 토해낸다. 여름은 살아 있는 괴수처럼 도시를 집어삼킬 듯 으르렁댄다. 아스팔트는 녹아내린 유리 조각처럼 일렁이고, 발밑에서 치솟는 지열은 발목을 붙잡는 검은 손길 같다. 하늘은 증발한 태양의 잔해로 뿌옇게 물들고, 그 아래 나는 모래바람 속을 헤매는 낙타처럼 무거운 걸음을 옮긴다. 이것은 단순한 기온의 문제가 아니다. 삶이라는 사막에서 찾아야 할 생명의 오아시스에 대한 갈망이다.

골목길은 침묵의 늪을 기어가듯 조용하다. 솔가지 사이로 새어드는 희미한 그늘이 유일한 숨구멍이 되어 주고, 이마에 닿는 산들바람은 유년 시절 할머니의 부채질 소리처럼 반갑다가도 금세 사라진다. 저 멀리 배롱나무 한 그루가 불꽃처럼 붉은 꽃잎을 터뜨리며 서 있다. 그것은 화상을 입은 살갗이 새살을 밀어 올리듯, 고통 속에서 피어난 생명의 경건함이다. 개미조차 그림자 속으로 숨어버린 거리에서 나는 무쇠 솥 같은 더위를 어깨에 얹고 걷는다.

집 안에서도 열기는 떠나지 않는다. 열대야가 밤마다 창문을 두드리며 잠을 훔쳐가고, 무거운 눈꺼풀 아래 쌓인 피로는 아침이면 돌덩이가 되어 가슴을 짓누른다. 휴대폰이 경고음을 울릴 때마다 "수분을 보충하세요."라는 문구가 마치 내 안의 메마른 호수에 던져진 돌멩이처럼 깊은 울림을 준다. 에어컨의 인공 바람이 주는 잠깐의 해방감은 오히려 폐부 깊숙이 허탈감을 남긴다.

문득, 어린 시절 여름날이 파도처럼 밀려온다. 개울물에 뛰어들어 물살을 가르던 발바닥의 감촉, 햇빛에 달궈진 자갈 위를 맨발로 달리며 느꼈던 따끔한 쾌감. 그때는 부채 한 자루면 세상 모든 더위를 이길 수 있었고, 땀은 삶의 리듬 그 자체였다. 불볕 속에서도 마음만은 서늘했던 그 여름들은 우리에게 싸우는 법이 아니라 더위와 공존하는 지혜를 가르쳐 주었다. 손수건에 맺힌 땀방울이 오히려 시원한 향기를 품던 시절이었다.

온도는 절대적 수치가 아니라 상대적 감각이다. 차가운 물과 뜨거운 물을 번갈아 만지면 미지근한 물도 뜨겁게, 차갑게 느껴지듯, 우리의 몸과 마음도 상황에 따라 새로운 균형을 찾아간다. '이열치열'이란 단순한 민간요법이 아니라, 불길 앞에서 등을 돌리지 않는 삶의 자세다. 땀구멍 하나하나가 열릴 때마다 마음속 번뇌도 함께 흘러내리리라.

폭염은 누구에게나 공평하지 않다. 어떤 이들은 콘크리트 건물 안에서 추위를 말할 때, 어떤 이들은 콘크리트 건물 바깥에서 더위와 맞서며 살아간다. 얼음 공장 근로자, 노점상, 콘크리트 건물 밖의 무수한 노동자들, 그들의 이마로 쏟아지는 폭염은 굵은 땀방울이 되어 삶을 더욱더 무겁게 짓누른다. 그럼에도 그들은 무너지지 않는다. 땀방울에 젖은 손끝에서, 발바닥에서 우리는 차라리 숭고한 불꽃을 본다.

폭염은 가난한 이들의 인내심을 시험한다. 신경은 팽팽히 당겨진 현처럼 긴장되지만, 인내력 끝에 내려앉는 무기력은 끊임없이 인내력의 한계를 저울질한다. 그러나 역설적이게도 이 계절은 가장 깊은 성찰의 시간을 선사한다. 태양 아래 고개 숙인 순간, 비로소 자신의 내면을 들여다보게 된다. 땀방울이 뺨을 타고 흐르듯, 마음의 찌꺼기도 함께 씻겨 내려간다. 힘든 노동 뒤 흘린 땀방울을 생각해 보라. 그것은 다른 잡념이 끼어들 여지가 없는 신성한 노동의 결정체 아닌가.

무궁화는 삼복염천에 꽃잎을 연다. 장미의 화려함은 없지만, 폭염 속에서 그 질긴 생명력으로 아름다움을 피워낸다. 우리도 그렇다. 고통 속에서 정직하게 지켜낸 삶이 더 빛나는 이유도 그러한 인내가 있었기 때문이다. 여름은 속삭인다. 폭염 속에는 찬란한 태양이 있다고.

옛날 마당에는 별빛이 소금처럼 흩뿌려졌다. 멍석 위에 누워 어머니의 옛이야기를 들으며 맞이하던 여름밤. 그 시절 더위는 선풍기 바람이 아니라 서로의 체온으로 이겨냈다. 차가운 것은 쉽게 사라지지만, 따뜻한 것은 뼈에 새겨진다. 오늘도 우리는 땀에 젖은 손을 맞잡고, 그 뜨거움 속에서 영원한 것을 찾는다.

이제 여름은 뒷걸음질 치는 사자처럼 서서히 물러난다. 저녁 바람에 실려 오는 서늘함이 혈관 속으로 스민다. 폭염이 남긴 것은 피로만이 아니다. 우리는 배웠다. 견디는 법, 함께하는 가치, 그리고 내일을 향한 희망의 숨소리를. 여름은 불의 시험대였고, 그 시험을 통과한 영혼들로 거듭났다. 이제 우리는 조금 더 단단해진 가슴으로 새로운 계절을 맞이할 것이다.

아스팔트가 녹아내린다
열풍이 골목을 휘감고
배롱나무 붉은 꽃잎도 불이 붙었다
매미는 울어 하늘을 찢고

폭염 경보에
에어컨 실외기가 먼저 헐떡이고
선풍기 입김도 뜨겁다

밤이 깊어도 세상은 식지 않는다
아득히 먼 별빛도 풀이 죽었다
어둠은 밤을 온전히 삼키지 못한다

벌써 한 달째 붉은 배롱나무 아래
잠 못 든 생각이 꼬리를 문다
꽃잎에 내리는 이슬에 입술 적시고
내일을 노래해야 할 텐데

휴– 활활 붙은 한낮 잉걸불
식을 줄 모른다

가을밤, 풀벌레의 교향곡

뒤곁 대숲 속에선 때를 만난 베짱이와 여치, 철써기와 귀뚜리들의 울음이 한데 어우러져 한바탕 자지러지면서 시방도 고개턱 하나를 또 넘어서는 중이다.

고요한 가을밤, 가장 먼저 귀를 사로잡은 것은 풀벌레들의 합창이었다. 찌르르륵, 찌르르륵 맑고 가느다란 음색이 은빛 달빛과 어우러져 허공에 퍼지면, 이내 귀뚜르르, 귀뚜르르 하는 낮은 울림이 부드럽게 밤공기를 채웠다. 그 소리는 고독한 어둠을 녹이듯 서서히 가슴 깊숙이 스며들었고, 때로는 쓰르륵쓰르륵 나뭇가지를 긁는 듯한 날카로움이 생명의 맥박을 쳐올렸다. 제각기 다른 울음들이 겹겹이 쌓이다가도 어느 순간 거대한 화음으로 녹아드는 그 찰나, 나는 자연이 빚어낸 오묘한 조화에 전율했다.

풀벌레들의 노래는 결코 배경음이 아니었다. 방울벌레의 투명한 선율 위로 귀뚜라미의 규칙적인 리듬이 포개지고, 그 사이로 드물게 스치는 또 다른 풀벌레 소리가 미묘한 긴장감을 더했다. 현악기와 목관악기가 서로 응답하듯, 각 생명은 자신만의 파트를 충실히 연주하며 전체의 하모니를 완성해 갔다. 개울가의 물소리는 저음의 베이스라인처럼 묵직하게 깔렸고, 바람에 흔들린 갈대밭의 '사각사각'은 피아노의 트릴처럼 경쾌하게 솟아올랐다. 이 모든 음이 시간의 층위를 타고 흘러, 과거와 현재가 한자리에 겹치는 듯한 신비로움을 자아냈다.

눈을 감자, 울음소리가 서늘한 밤공기와 함께 폐부 깊숙이 스며들었다. 흙내와 풀내가 뒤섞인 향기가 코끝을 스치고, 이슬 맺힌 흙길의 서늘한 감촉이 발바닥을 간질였다. 별빛이 박힌 하늘 아래, 내가 느끼는 모든 감각이 모여 한 폭의 그림처럼 마음에 새겨졌다. 달빛이 나뭇잎 사이로 스며 얼굴을 적실 때면, 그 차가운 결이 피부를 타고 흘러 세포 하나하나를 깨우는 듯했다. 밤공기 속의 미세한 습기는 아련한 추억을 떠올리게 했고, 그 속에서 들려오는 노래는 나를 어린 시절 여름밤으로 데려갔다.

그 작은 생명들의 울음은 내게 새로운 깨달음을 안겼다. 그것은 단순한 서정이 아니라, 혹독한 환경 속에서도 종족을 잇기 위한 절박한 몸짓이자 생명의 존엄을 향한 찬가였다. 한때 하찮게 여겼던 베짱이의 울음 속에서 나는 눈에 보이지 않는 성과의 가치를 발견했고, 생산성에만 매몰된 현대의 삶에 자연이 던지는 물음을 들었다. 그들의 노래는 성과가 아닌 존재 자체의 소중함을 일깨웠다. 도시에서 소음으로만 들리는 자동차 경적과 실외기의 윙윙거림, SNS 알림음이 스쳐 갈 때, 이 밤의 합창이 얼마나 순수한지 더욱 뚜렷해졌다. 자연은 효율을 추구하지 않는다. 그저 각자의 음을 부르며 공존할 뿐이다.

밤이 깊어질수록 합창은 더욱 풍성해졌다. 서로 다른 음색이 충돌하지 않고 섞이는 모습에서 나는 공동체의 본질을 보았다. 참나무 숲 끝에서 울리는 굵은 톤의 귀뚜라미와 관목 사이에서 떨리는 방울벌레의 가는 울음이 만나면, 마치 베토벤 교향곡처럼 강렬한 대비 속에 통일성이 피어났다. 획일화된 목소리로는 결코 얻을 수 없는 아름다움이었다. 다름을 인정할 때만 비로소 완성되는 조화였다. 선조들이 다듬이질 소리로 하루의 고단함을 달랬듯, 이 소리 또한 시대를 넘어 우리의 상처를 어루만지는 위로였다.

그동안 나는 세상의 소리에 둔감했다. 도시의 네온 아래서 여린 마음들의 목소리를 외면해 왔다. 하루살이가 불빛에 부딪혀 사라지듯, 수많은 작은 소리가 내 무관심 속에 흩어졌을 것이다. 그러나 오늘밤, 풀벌레들의 세레나데는 내 귀를 열고 마음을 열었다. 휴대폰 화면에서 시선을 떼고 고개를 들자, 별빛이 쏟아지는 하늘이 펼쳐졌다. 그 순간 깨달았다. 진정한 소통은 기술이 아니라 마음으로 이루어진다는 것을.

별빛 총총한 우주 아래, 풀벌레들의 노래는 여전히 내 허파 속에서 메아리쳤다. 그 소리가 스며든 폐포마다 별빛이 묻어나 한층 밝아지고, 그 빛은 내 안의 어둠을 서서히 몰아냈다. 잊고 있던 작은 존재들의 목소리가, 그리고 그 소리에 반응하며 깨어난 내 안의 여린 마음이 속삭인다. 이 밤의 교향곡은 자연의 소리가 아니라, 삶의 진정한 의미를 찾아가는 여정의 서막이라고. 나는 다짐했다. 도시의 소음 속에서도 작은 꽃잎의 떨림과 빗방울의 춤사위를 놓치지 않겠다고. 등 뒤로 남겨진 숲은 여전히 노래하고 있었다. 그 소리는 내일의 나에게 전하는 약속 같았다.

서로의 목소리를 잃지 말자고, 함께 살아가자고.

가을의 침묵 속에 새겨진 문장들

가을은 말이 없다. 그러나 그 침묵은 가장 깊은 언어로 우리에게 말을 건다. 오후 햇살이 나지막이 내려앉은 숲길에 서면, 여름의 열기가 물러간 자리에는 서늘한 바람이 맴돈다. 나뭇잎은 하나둘 색을 바꾸며, 마치 오래된 기억을 속삭이듯 내게 다가온다. 붉은 단풍, 노란 은행잎, 갈색 참나무잎들까지, 자연은 이별을 준비하며 가장 화려한 옷을 차려입었다. 자연은 침묵 속에서 가장 진실한 말을 건넨다. 그 말을 온몸으로 듣는 시간이 나에게는 가을이다.

어린 시절, 나는 가을이면 동네 뒷산으로 달려가 낙엽 더미에 몸을 던지곤 했다. 발밑에서 바스락거리는 소리가 마음을 설레게 했고, 손에 낙엽을 모아 하늘로 흩날릴 때마다 바람은 내 작은 손짓에 반응하듯 속삭였다. 그때는 몰랐다. 낙엽 하나하나가 내 마음의 문장이 되고, 바람결이 내 삶의 문장이 될 줄은.

나는 가을의 거리를 걸으며 늘 묻는다. "나는 어떻게 살아왔는가, 또 어떻게 물들어 갈 것인가." 가을은 그 질문에 답을 돌려준다.

내가 자주 찾는 숲길은 내장산으로 향하는 오솔길 중 사람의 발길이 드문 곳이다. 그 길은 내 마음의 비밀스러운 서재다. 세상의 소음에서 벗어나 홀로 걸어 들어가면 나무들이 묵언의 교훈을 건넨다. 발걸음을 멈추면 생각도 함께 멈추고, 걸음을 옮기면 기억이 되살아난다.

나무 사이로 스며드는 빛은 계절의 흔적을 담아 내게 속삭인다. 지나간 시간은 사라지지 않고, 이 빛 속에 함께 숨 쉬고 있다. 어느 가을, 나는 아내와 함께 그 길을 걸었다. 아내는 초록이 남아 있는 단풍잎을 모으며 말했다. "여보, 이거 내 마음속 색깔이야!" 나는 미소 지으며 고개를 끄덕였다. 그 말 속에 담긴 순수함이 오래도록 내 마음을 흔들었다. 숲길 위로 쏟아지는 햇살과 낙엽의 금빛 향연은, 그 순간 우리 둘만의 비밀 서재가 되었다.

해 질 무렵, 붉은 노을이 숲을 물들일 때면 나는 숨을 죽이고 바람의 숨소리에 귀 기울인다. 바람은 지나간 시간의 향기를 실어와 내 마음을 흔든다. 설명할 수 없는 슬픔이 전신을 감싼다. 놓쳐버린 인연들, 미처 다 하지 못한 사랑, 소리 없이 스러진 꿈들이 가을바람 속에서 다시 살아난다. 작은 생명들의 소리는 자연의 일부이자, 그 안에서 존재하는 것만으로도 평화로움을 깨닫는다.

가을은 풍요의 계절이다. 그러나 그 풍요는 소란스럽지 않다. 벼는 고개를 숙이고, 과일은 가지 끝에 매달려 조용히 여물어간다. 가장 충만한 순간은 오히려 고요하다.

나는 시골 들녘에서 농부가 마지막 벼를 거두어들이는 모습을 본 적이 있다. 햇살은 황금빛으로 들판을 물들이고, 허수아비는 바람에 흔들리며 제자리를 지키고 있다. 농부의 구부정한 허리, 그의 손마디에 새겨진 세월의 주름이 가을의 교과서 같았다. 풍요는 소유한 물질의 양이 아니라 견뎌낸 시간의 깊이에서 오는 것임을 그 순간 배웠다. 깊이 배어든 삶의 궤적은 겉으로 드러나는 풍요보다 더욱 아름답고 견고하다.

가을 단풍은 나무의 마지막 고백이다. 봄에는 약속처럼 연둣빛 희망을 내고, 여름에는 열정으로 푸르렀지만, 가을에 이르러 가장 진실한 얼굴을 드러낸다. 나는 단풍 앞에서 종종 멈춘다. 그 색은 단순한 변화가 아니라, 살아온 시간의 증명이다. 사람도 그렇다. 젊은 날에는 세상의 기대에 맞춰 살다가, 인생의 가을에 이르러서야 비로소 자신을 드러낸다. 단풍처럼, 우리는 언제 가장 아름다운 모습으로 자신을 고백할 수 있을까.

가을 길을 걷다 보면 문득 인생을 떠올린다. 걸어온 길보다 남은 길이 더 짧게 느껴질 때, 나는 지나온 언덕과 비탈길을 생각한다. 그 길은 돌부리로 가득했다. 넘어지고, 다시 일어나며, 나는 삶이란 곧 발을 옮기는 일임을 배웠다. 길은 삶의 은유다. 걷는다는 것은 마음을 돌이키는 수행이다. 좌절 속에서도 희망을 만났고, 분노 속에서도 평화를 발견했다. 때로는 멈춰 서서 하늘을 올려다보는 그 짧은 순간이, 삶의 가장 큰 깨달음을 주었다. 길을 멈추는 곳에서 비로소 진정한 나를 만나고, 삶의 의미가 깊어진다.

아침 이슬은 잠시 머물다 사라지고, 서리는 모든 것을 하얗게 덮는다. 낙엽은 바람에 실려 흩날리고, 햇살은 나뭇잎 사이를 금빛으로 퍼져나간다. 짧은 순간들이 모여 하나의 계절을 이루듯, 우리의 삶도 덧없는 순간들이 모여 완성된다. 우리는 종종 큰 사건만 기억하려 하지만, 진정한 삶은 그 사이사이의 조용한 순간 속에 있다. 누군가의 미소, 따뜻한 차 한 잔, 저녁 산책길에 들려오는 풀벌레 소리. 그 모든 것이 삶을 구성하는 문장들이다.

어느 날, 낙엽이 가득 쌓인 산길에 누워 하늘을 바라본 적이 있다. 구름은 느릿하게 흘러가고, 바람은 나뭇가지를 흔들며 시간의 서정을 쏟아냈다. 그 순간 나는 나무와 같았다. 뿌리는 땅에 박혀 있으나, 가지는 하늘로 뻗어 있는 존재. 삶은 거대한 서사시가 아니다. 그것은 짧은 시구들이 모여 만든 시집이다. 가을은 그 시구들을 하나하나 보여주며 마지막으로 속삭인다. "모든 것은 지나가지만, 지나가는 그 순간에도 우리는 영원히 남을 아름다움을 발견할 수 있다."

나는 가을을 예찬한다. 그 찬란한 이별의 계절을. 가장 아름다운 작별을 준비하는 겸손하고 깊은 계절을. 가을은 묻는다. "너는 어떻게 물들었는가?"

숲, 바람의 언어로 쓰인 책

숲은 늘 침묵의 옷을 입은 듯 보인다. 하나 귀 기울이면 그 안에는 수천 갈래의 목소리가 겹겹이 포개져 있다. 아침 햇살이 막 숲의 이마를 비출 때, 나뭇잎 사이로 스치는 바람은 마치 오래된 서책의 장을 넘기는 소리처럼 가볍게 들려온다. 그 순간, 나는 숲이 하나의 살아있는 문장으로 다가온다는 사실을 깨닫는다.

어린 시절, 나는 뒷산의 작은 숲을 놀이터 삼아 뛰놀았다. 흙 내음과 이끼 냄새, 그 위에 앉은 햇살이 나의 첫 교과서였다. 나무는 가르침을 강요하지 않았다. 다만 바람이 불 때마다 잎사귀의 흔들림으로 '살아있음'의 진실을 속삭였다. 그때는 미처 몰랐다. 그 소리가 내 인생 내내 되새길 자장가이자 기도문이 될 줄은.

숲길을 걸으면 빛과 그림자가 서로를 껴안듯 교차한다. 한 걸음을 옮길 때마다 내 어깨 위에는 햇살이 내려앉았다가 이내 그림자가 덮는다. 그 부드러운 교대는 마치 누군가의 따스한 손길이 내 마음을 다독이는 듯하다. 나는 종종 이 길에서 삶을 배운다. 빛은 환희요, 그림자는 고독이다. 하나 숲은 그것들을 분리하지 않는다. 둘은 마주보며 한 폭의 무늬를 완성한다. 나 또한 삶의 환희와 고독이 섞여야만 '나'라는 무늬가 이루어진다는 사실을 숲이 가르쳐준다.

숲속의 새들은 제각기 다른 언어로 아침을 노래한다. 어떤 소리는 또렷하고 힘차며, 어떤 소리는 가늘고 여리다. 그러나 그 목소리들이 한데 섞여 만들어내는 합창은 조금의 불협화음도 없이 완전하다. 인간은 서로 다른 목소리를 쉽게 '갈등'이라 이름 붙이지만, 새들은 다름을 '조화'로 바꾼다. 숲은 언제나 '함께 울려야 한다.'는 오래된 약속을 지킨다. 바람 또한 새들의 노래를 실어 나르며 나무들에 편지를 띄운다. 나무는 그 편지를 잎사귀로 받고, 잎은 흔들리며 대답한다. 숲은 매 순간 살아있는 서간집이다.

숲에서 가장 깊은 지혜는 땅속에 숨어 있다. 눈에 보이지 않는 뿌리들은 서로 연결되어 수분과 양분을 나눈다. 경쟁이 아니라 나눔으로, 혼자가 아니라 함께 숲은 자란다. 인간 사회를 돌아보면, 우리는 종종 눈에 보이는 성과만 좇으며 뿌리를 잊는다. 그러나 숲은 말한다. "땅속의 어둠을 사랑하라. 그곳이 있어야 빛을 향해 뻗을 수 있다." 삶에서 내가 버텨낸 시간들은 뿌리의 어둠과 같았다. 말할 수 없는 좌절, 설명되지 않는 기다림. 하지만 그 모든 것이 있었기에 나는 조금 더 단단해졌다. 숲은 침묵 속에서 그것을 일깨워준다.

봄, 숲은 아기처럼 웃는다. 연둣빛 새순이 손톱만 한 틈으로 땅을 비집고 나올 때, 나는 새로 태어난 생명의 떨림을 본다. 여름에는 매미 울음과 바람의 춤이 더해져 숲은 거대한 합창단이 된다. 가을, 숲은 시인이 된다. 단풍잎이 붉은 시구를 남기며 땅 위로 흩날릴 때, 나는 눈앞에서 시집이 펼쳐지는 듯한 황홀을 느낀다. 겨울, 숲은 수도자가 된다. 잎을 다 내려놓은 앙상한 가지 위로 눈이 내려앉을 때, 숲은 비로소 침묵의 완성을 이룬다. 사계절을 겪는 숲은 내 마음을 비추는 거울이다. 웃고 노래하고 울고 침묵하는 일상의 굴곡이 고스란히 그 속에 담겨 있다.

오늘날 우리는 숲을 잃어간다. 도로가 뚫리고, 건물이 들어서며, 나무의 자리는 점점 좁아진다. 그러나 숲은 단순히 나무 몇 그루의 문제가 아니다. 숲은 바람을 만들고, 공기를 정화하며, 빗물을 머금어 생명을 지킨다. 숲이 사라지면 우리 또한 사라진다. 나는 숲을 걸을 때마다 묻는다. "우리는 숲에 어떤 존재인가." 아마도 우리는 숲에 빚을 지고 사는 자일 것이다. 나무 한 그루, 풀 한 포기, 작은 새 한 마리. 모두가 우리 삶을 떠받치고 있다. 숲은 인간을 필요로 하지 않으나, 인간은 숲 없이는 살 수 없다. 이 단순한 진실 앞에서 겸손해지지 않을 수 없다.

저녁 무렵 숲길을 걷는다. 노을빛이 나무 사이로 스며들고, 잎사귀 하나하나가 황금빛 기도를 올리는 듯 보인다. 그 순간, 나는 문득 생각한다. 숲은 인간을 향해 무엇을 기도할까. 아마 숲은 이렇게 속삭일 것이다. "내 그늘에서 쉰 이여, 내 바람을 들은 이여, 내 향기를 맡은 이여. 이제는 나를 지켜다오. 너의 삶이 나에게 기대었듯, 나의 삶 또한 너에게 기대고 있다." 숲의 기도는 장엄하지 않다. 그저 바람에 흩날리는 잎사귀처럼 소박하다. 하나 그 속에는 세상의 가장 깊은 진실이 담겨 있다.

숲을 나오는 길, 나는 발걸음을 늦춘다. 마치 책의 마지막 장을 덮기 전, 문장을 다시 한번 되새기듯. 숲은 끝없는 책이고, 나는 아직 그 첫 장만 읽었을 뿐이다. 그러나 확실히 말할 수 있다. 숲은 나를 더 나은 사람으로 만든다. 숲에서 배운 침묵, 나눔, 조화는 삶의 길잡이가 된다. 내가 숲을 사랑하는 이유는 단순히 풍경의 아름다움 때문이 아니다. 숲은 인간에게 가장 오래되고 가장 믿을 만한 스승이다.

숲은 나무와 새의 집이자, 인간의 마음을 쉬게 하는 집이다. 우리는 그 집의 한 귀퉁이에 잠시 머물다 떠나는 나그네일 뿐이다. 그러나 그 잠시의 머묾 속에서 숲은 세상의 모든 지혜를 아낌없이 내어준다. 나는 오늘도 숲 앞에서 빈 원고지를 펼친다. 바람이 전하는 언어를 받아 적는 것, 그것이야말로 내가 숲에게 줄 수 있는 진심 어린 예의일 것이다.

3부

구시포의 노을

늦은 햇살이 머무는 정원

나이 일흔에 이르러서야 삶이 하나의 정원과 같음을 어렴풋이 느꼈다. 젊은 날의 나는 이 정원의 주인이기보다는, 앞만 보고 달려가며 삽질을 멈추지 않던 사람에 가까웠다. 서른에는 '성실'이라는 삽을 들고 쉼 없이 흙을 일구었고, 마흔에는 '전문성'이라는 거름을 뿌리며 바쁘게 씨앗을 심었다. 더 높은 곳을 향해, 더 많은 것을 얻기 위해 숨 가쁘게 달려온 시간 속에서, 정원에 어떤 꽃이 피었는지, 혹은 어떤 잡초가 자라 발목을 휘감았는지 돌아볼 틈조차 없었다.

삶의 어깨를 짓누르던 책임감의 무게가 조금씩 가벼워지기 시작한 것은 예순을 넘기고 나서부터였다. 분주했던 일상에서 잠시 걸음을 멈추자, 비로소 내 삶의 정원을 찬찬히 둘러보게 되었다.

이른 새벽 창문을 열면 들려오던 이름 모를 새들의 노랫소리, 밤하늘에 보석처럼 박혀 있던 수많은 별들. 젊은 시절에도 늘 마주했던 풍경이었지만, 그때는 그들의 아름다움을 헤아리지 못했다. 오직 '성장'이라는 잣대에 갇혀, 더 높이, 더 많이 이루는 것만이 삶의 유일한 가치인 줄 알았다.

칠순을 맞은 지금, 나는 매일 아침 거울 앞에 앉아 나를 들여다본다. 눈가에 깊이 새겨진 주름과 세월의 흔적이 담긴 희끗한 머리카락. 세상은 이를 '노년'이라 부르지만, 나는 그 안에서 새로운 아름다움과 깊이를 발견한다. 오랜 시간을 품고 귀한 가치를 지니게 된 물건처럼, 내 주름 하나하나에는 수많은 이야기와 감정이 새겨진 삶의 페이지가 담겨 있다.

한때 젊은 날의 나는 '행복'을 손에 넣어야 할 거창한 목표라 여겼다. 높은 산봉우리에 놓인 트로피처럼 말이다. 그러나 칠순의 지금은 분명히 깨닫는다. 행복은 거창한 성과가 아니라, 그저 내 삶의 모든 순간 속에 늘 존재하고 있었다는 것을. 비 내린 뒤 흙내음을 맡으며 걷는 산책길, 따스한 커피 향기에 취해 창가에 기댄 채 흘러가는 구름을 바라보는 일, 한겨울 창밖을 스쳐 가는 고요한 바람 소리…. 이 모든 평범한 순간들이 매일 새롭게 맞이할 수 있는 소중한 선물이었음을 이제야 알게 되었다.

이제 나는 무언가를 애써 좇는 걸 멈추고, 고요히 내면의 정원을 가꾸는 일에 마음을 쏟는다. 때로는 번뇌 같은 잡초를 뽑아내고, 때로는 시든 꽃잎을 솎아 내며 새로운 성장을 기대한다. 오랜 시간을 통해 얻은 지혜는 나의 가장 훌륭한 도구가 되어준다. 나는 그저 오늘을 온전히 살아내고, 나날을 새롭게 받아들이는 데 온 마음을 기울인다.

칠순의 나이, 나는 여전히 자라나고 있다. 다만 눈에 보이는 키나 무게가 아닌, 내면의 깊이와 향기로 무르익어 간다. 나의 삶은 쇠퇴하는 것이 아니라, 오히려 가장 풍요롭고 온전한 황혼기를 맞이했다. 나의 정원에는 이제 화려한 꽃들 대신, 넉넉하고 따스한 그늘과 마음을 평화롭게 하는 은은한 향기가 머문다. 그 속에서 나는 가장 평화롭고 충만한 행복을 누리고 있다.

작고 소박한 행복들이 내 길을 고요히 밝혀준다. 문득 떠오른 여행지에 홀로 발길을 옮기고, 작은 카페 창가에 기대어 따뜻한 커피 향에 취해 사색에 잠기곤 한다. 좋아하는 음악을 들으며 밤늦도록 글을 쓰는 일도 소중하다. 나는 깨달았다. 진정한 삶의 가치는 거대한 목표를 달성하는 것이 아니라, 매 순간 스스로에게 주어지는 작고 확실한 기쁨들이었다는 것을.

어쩌면 삶이란 눈에 보이지 않는 작은 기쁨들이 쌓이고 쌓여, 마침내 '나'라는 이름의 하나의 작품을 완성해 가는 과정인지도 모른다. 나는 오늘, 거울 속에서 고요히 웃고 있는 나의 얼굴을 마주하며 속삭인다. "그동안 잘 살아왔구나."

해운대, 마음의 여름을 묻다

유월의 마지막 토요일, 해운대는 여름을 맞이할 설렘으로 들썩이고 있었다. 백사장은 이미 뜨거운 태양 아래 반짝이며 계절의 절정을 예고했다. 햇살은 모래 위에 강렬한 흔적을 새기고 있었고, 사람들은 저마다의 방식으로 그 빛을 품고 있었다.

나는 여행 동호회원들과 함께 이른 아침 부산에 닿았다. 누군가는 파도보다 고운 모래의 감촉에 더 마음을 주었고, 누군가는 어묵 향보다 거리를 수놓은 패션에 시선을 빼앗겼다. 그 속에서 나는 스쳐 가는 풍경을 가만히 응시했다. 마치 패션쇼의 런웨이처럼, 해변은 여름을 입은 사람들의 다채로운 표정으로 가득했다.

허벅지가 시원하게 드러나는 핫팬츠, 배꼽 위로 한참 올라간 크롭톱, 그리고 깊은 슬릿 사이로 맨살이 살짝 보이는 롱스커트까지. 그 옷들 속에는 누군가의 당당한 자신감, 누군가의 은밀한 고민, 또 누군가의 '이번 여름엔 기필코!'라는 간절한 바람이 깃들어 있었다. 흩날리는 짧은 치마 사이로 스치는 맨살을 볼 때면, 나도 모르게 시선을 피했다. 민망함 때문인지, 타인에 대한 예의 때문인지, 아니면 내 안의 익숙한 도덕률이 여전히 속삭이고 있었던 것인지 알 수 없었다.

한 여인은 마치 어린 남동생의 것을 빌려 입은 듯한 넉넉한 반바지 차림이었다. 풋풋하면서도 거침없는 모습. 그 순간, 두 개의 물음이 내 안에서 동시에 솟아올랐다. 하나는 '아, 저것이 바로 젊음의 특권이구나.' 다른 하나는 '과연 저 옷차림이 자유로운 것일까?' 상반되는 생각들이 내 안에서 소용돌이쳤고, 나는 그 혼란을 피해 백사장 끝자락의 편의점을 향해 발걸음을 재촉했다.

미니스커트는 시대를 비추는 거울이자, 문화를 담아내는 그릇이다. 20세기 초, 여성의 발목 노출조차 신문의 가십거리였고, 1950년대에 이르러서야 무릎이 겨우 세상에 얼굴을 내밀었다. 이제는 '마이크로미니'를 넘어, '마이너스 스커트'라 불릴 만큼 옷은 짧아지고 있다. 여름만 되면 사람들은 점점 더 많은 피부를 바람과 햇살에 내어준다. 어쩌면 피부야말로 가장 먼저 계절의 숨결을 느끼는 감각 기관이기 때문일 것이다.

그러나 그 모든 노출이 진정 자유로움의 표현일까? 때로는 누군가의 시선을 갈구하는 전략처럼, 혹은 그 시선으로부터 자신을 보호하기 위한 서툰 방패처럼 느껴지기도 한다. 진정한 드러냄은, 겉모습이 아니라 우리의 가장 깊은 곳, 즉 마음에서 시작되어야 하는 것이 아닐까?

얼마 전 TV에서 보았던 장면이 문득 떠올랐다. 한 남자 연예인이 짧은 치마를 입은 여성 동료에게 자신의 재킷을 벗어 다리를 가려주었다. 세상은 그를 '매너남'이라 칭송했다. 나 또한 처음엔 감탄했지만, 곰곰이 생각할수록 마음 한편이 씁쓸해졌다. 그 행동이 정말 상대를 향한 순수한 배려였을까? 아니면, 그 상황을 에워싼 시선을 의식한, 일종의 예방적 조치였을까?

자연스러운 노출에 불편함을 느끼는 사회. 동시에 그 불편함을 감추는 방식마저 평가의 잣대가 되는 사회. 우리는 과연 누구를 위해 옷을 입고, 누구를 위해 벗고 있는 걸까?

사람들은 피부를 더 드러낼수록 마음은 더 깊숙이 감춘다. 명품 가방으로 내면의 허전함을 채우고, 값비싼 외제 차로 불안감을 덮으려 한다. SNS 속 완벽하게 연출된 사진 뒤에는 지친 한숨이, 능숙한 화장으로 가린 얼굴 아래에는 퇴근 후의 민낯이 숨어 있다. 진짜 나를 마주하기보다, '남들에게 보여주기 좋은 나'를 연출하는 것이 일상이 되어버렸다.

그러니 요즘의 노출은 어딘가 이상하다. 몸은 점점 더 투명해지는데, 마음은 점점 더 두꺼운 벽 뒤로 숨어든다. 태초의 이브는 무화과잎으로 부끄러움을 가렸지만, 지금 우리는 훨씬 더 복잡한 감정들을 감추고 있는 듯하다. 그것은 인정받고 싶은 열망이기도 하고, 들키고 싶지 않은 연약함이기도 하다.

'여름엔 옷을 벗자.' 누군가 그렇게 말한다면, 그 말은 단순히 몸을 드러내자는 것이 아니라 마음의 갑옷을 벗어 던지자는 의미여야 한다. 직장에서 억지로 지었던 웃음 뒤에 숨겨진 감정들, 친구들 앞에서 애써 괜찮다고 말하며 감췄던 상처들…. 그런 것들을 잠시만이라도 내려놓고 싶은 계절. 여름은 우리에게 그런 진정한 용기를 묻는다.

이번 해운대 여행에서 나는 바다보다 사람들을 더 오래도록 바라봤다. 태닝 오일을 바르며 햇살 아래 몸을 맡긴 사람, 아이스크림을 흘리며 천진난만하게 웃는 아이, 모래 속에 스마트폰을 묻어두고 잠시 꿈꾸는 청춘들. 그들 모두는 각자의 방식으로 이 여름을 온전히 누리고 있었다.

그리고 나는 깨달았다. 진정한 노출이란, 타인의 시선에서 온전히 자유로워지는 것이다. 꾸밈없는 나의 몸을 인정하고, 가감 없는 나의 마음을 받아들이는 것. 핫팬츠를 입든, 긴 원피스를 입든, 중요한 것은 그 선택이 외부의 시선이 아닌, 내면의 울림에서 비롯된 것이냐는 점이다.

해운대의 바람은 그 어느 때보다 솔직한 계절의 언어였다. 그리고 나는 그 바람을 따라, 조금은 더 솔직한 나 자신으로 서고 싶어졌다. 여름은 그렇게, 내게 한 겹씩 마음을 벗어던지라고 속삭이고 있었다.

구시포의 노을

나는 한때 바다를 동경했으나, 바다를 무서워하기도 했다. 나고 자란 곳은 시골이었다. 초가집들이 옹기종기 웅크리고 있는 마을, 나지막한 돌담이 구부정하게 휘어진 고샅길, 그리고 여름마다 물웅덩이가 생겨나는 개울. 그런 것들이 나의 자연이자 기억이었다. 하지만 도시로 나와 살며, 삶이 점점 메말라가던 차, 우연히 찾은 서해의 구시포 바닷가에서 나는 무언가를 되찾은 기분이 들었다.

복잡한 도심을 벗어나 잠시 고요한 바다 앞에 서고 싶을 때가 있다. 사람 북적이는 해수욕장이 아니라, 조용히 파도 소리 들으며 그저 멍하니 걷고 쉴 수 있는 그런 곳. 구시포 해변은 노을의 명소로도 유명하다.

정읍 IC에서 빠져나와 국도를 타고, 다시 좁은 해안도로를 느긋이 따라가다 보면 바다 냄새보다 먼저 바람결이 바뀐다. 짭조름한 냄새가 콧속을 찌르기 시작할 즈음, 차창 밖으로 드러난 서해의 물빛은 항상 회색빛에 가깝다. 동해처럼 맑고 깊진 않지만, 그 느리고 낮은 숨결이 나에겐 위안이 된다.

처음 갯벌에 발을 들였을 땐 솔직히 망설여졌다. 물이 빠진 갯벌은 정리되지 않은 감정처럼 퍼져 있었다. 햇살을 받아 퍼지는 윤슬이 부드럽게 반짝이는 진흙, 엉성한 발자국, 폐허처럼 보이는 조개껍데기, 무심한 갈대들. 하지만 그런 것들이 차츰 나를 받아주었다. 진흙은 발을 잡아끌었고, 바람은 등에 손을 얹어주었다. 마치 "그래, 여기서 다시 시작해도 돼."라고 말해주는 것 같았다.

그날따라 하늘엔 구름이 많이 떠 있었다. 햇빛과 구름, 바람과 진흙. 그 느린 풍경 속에서 나는 서서히 속도를 늦췄다. 빠르게 살기 위해 무던히 애쓰던 마음이 한 뼘씩 느긋해졌다. 구름은 무심히 흘렀고, 나는 그 구름을 바라보며 자꾸만 어릴 적을 떠올렸다.

나는 종종 어린 날의 나에게 묻는다. 넌 지금 어디쯤 와 있니? 네가 바라던 건 무엇이었니? 그 아이는 아마도 구름을 닮은 소망 하나쯤 가슴에 품고 있었을 것이다. 누군가를 사랑하고, 무언가를 간절히 원하고, 언젠가는 나도 빛나는 어른이 되고 싶었던 마음. 하지만 살아가는 동안 소망이 너무 크다는 이유로, 너무 허황돼 보인다는 이유로, 그것을 하나둘 내려놓았다. 자아에 대한 정체감이 확립하지도 못하고 자신을 잊을 때가 많았다. 내가 무얼 바라던 사람이었는지를.

갯벌 모래톱에 쪼그려 앉아 나는 종이비행기 하나를 접었다. 물기 머금은 손끝으로 조심스레 주름을 눌렀다. 말하지 못한 마음, 오래된 그리움, 그리고 아직 놓지 않은 희망 하나를 접어 넣었다. 그리고 바람이 부는 방향을 향해 그것을 날렸다.

종이비행기는 낮은 포물선을 그리며 하늘로 떠올랐다. 높진 않았지만, 분명히 떠올랐다. 나는 그 모습에서 내 삶도 다시 띄워볼 수 있겠다는 생각이 들었다. 멈춰 있었던 내 마음의 물길도 천천히 밀물처럼 밀려오고 있었다.

사람들은 종종 묻는다. 당신의 소망은 무엇이냐고. 나는 이제야 답할 수 있을 것 같다. 꼭 무언가를 이루는 것이 아니라 해도 좋다. 다만 나를 잊지 않고, 나의 바람을 매일 조금씩 꺼내어 바라볼 수 있기를. 진흙에 빠지더라도 다시 일어나 걸을 수 있는 마음이기를. 그리고 그 마음이 누군가에게, 작은 바람 한 점이 되기를.

나는 아직도 종이비행기를 접는다. 언젠가 닿을 수 있을 거라는 희망 하나를 품고, 바람이 허락한 날을 기다리며. 구시포의 갯벌 위에서, 구름이 머무는 그 자리에 내 소망을 놓아두고 왔다.

갯벌 끝자락에 홀로 선다

구름 한 점 조용히 떠 간다

발 아닌 마음이 먼저 젖는다

저무는 하루
소라껍데기 속엔
오랜 웅성거림 아직 남아 있다
갈대를 스치는 바람이
잊고 있던 이름 하나 불러오고,

구름을 따라 간다 저 구름도
언젠가 비가 되어 쏟아질 테지만
조용히 흘러간다

오랜 썰물과 밀물에도
지워지지 않은 그대
갯벌에 남은 희미한 발자국 옆에
마음 하나 찍는다

오늘도 노을이 붉다

대숲의 숨결

시골집 툇마루에 앉아 앞동산을 바라본다. 석양을 받은 대숲이 서릿빛을 띠며 반짝인다. 가까이 다가가면 햇살을 등에 진 왕대들이 푸른 창처럼 하늘로 곧게 뻗어 있다. 바람이 불자 사락사락 댓잎이 부딪히며 정적을 깬다. 어찌 들으면 파란 바다의 물결 같고, 미풍이 일 때는 작은 종소리처럼 맑고 고운 울림이 번진다. 그 소리를 들을 때마다 마음 한 켠이 정화된다. 담청색 줄기 사이로 스치는 빛결 속에, 잊고 있던 시간의 파편이 일어난다.

어린 시절, 집 뒤 대밭은 나의 놀이터였다. 돌담으로 둘러싸인 좁은 길을 지나면 키 큰 대들이 하늘을 가릴 만큼 빽빽하게 서 있었다. 바람이 불면 댓잎이 눈처럼 흩날렸고, 그 속에서 친구들과 숨바꼭질했다. 햇살이 비치면 대숲은 온통 초록빛 바다로 변했다.

그 속에 서 있으면 세상이 잠시 멈춘 듯 고요했다. 어른들이 낫으로 대를 베는 모습을 구경하던 날도 있었다. 잘려 나간 대가 불 속에 던져질 때, '탕!' 하는 폭죽 같은 소리가 공기를 가르며 터졌다. 어린 마음에 놀라 마루 밑으로 숨어들곤 했지만, 그 소리조차 신비로웠다. 어른들은 "귀신을 쫓는 소리"라며 웃었고, 나는 정말로 그럴지도 모른다고 믿었다. 그때의 대숲은 어둡고 깊어서, 세상의 비밀이 깃든 신령한 공간 같았다.

대나무는 곧아 보이지만 속은 비어 있다. 텅 빈 중심이야말로 그를 더 단단하게 만든다. 바람이 불어도 쉽게 꺾이지 않고, 눈이 쌓여도 이내 털어낸다. 비움이 곧 힘이다. 마음도 그렇다. 욕심과 미련, 후회로 가득 찬 마음은 작은 바람에도 부러진다. 비워 둔 마음은 바람이 스쳐 간 자리를 소리로 바꾼다. 사락사락, 그 소리가 생의 노래가 된다.

겨울 대숲은 특히 아름답다. 눈송이가 댓잎마다 내려앉으면 대가 무게를 이기지 못해 고개를 숙인다. 잠시 후 한꺼번에 눈송이를 털어내고 다시 곧게 선다. 오래 바라볼수록 인간의 삶과 닮았다. 세상살이는 버티는 일의 연속이다. 굽히지 않고는 견딜 수 없고, 멈추지 않고는 다시 일어설 수 없다. 대숲은 '굽힘의 품격'을 가르쳐 준다. 굽힘은 패배가 아니라 다음을 위한 준비다.

세월이 흘러 도시에 나왔다. 대숲 대신 빌딩이 숲처럼 들어섰고, 그 사이로 바람은 거칠게 흘렀다. 사람들의 말은 소음이 되고,

욕망은 바람보다 빠르게 지나갔다. 어느새 대숲의 고요가 그리워졌다. 지치고 무력한 날이면 마음속으로 대숲을 불러냈다. 바람 따라 흔들리며 부딪히던 댓잎 소리, 푸른 그림자가 물결처럼 흘러가던 풍경, 그 속에 서 있던 어린 얼굴. 그 기억들이 나를 붙들었다. 대숲은 언제나 제자리에 있었을 것이다. 다만 내가 멀리 떠나 있었을 뿐이다.

사람은 종종 중심을 잃고 흔들리지만, 대숲은 흔들림 속에서도 중심을 잃지 않는다. 흔들린다고 무너지는 것은 아니다. 오히려 흔들림 속에서 뿌리는 더 깊어진다. 대나무의 마디는 정직하다. 한 마디를 마치면 멈추고, 잠시 쉰 뒤 다시 위로 뻗는다. 그 마디들이 쌓여 한 그루의 대나무가 된다. 사람의 삶도 그러하다. 성장에는 쉼이 필요하다. 멈춤이 있어야 도약할 수 있다. 인생의 마디마다 서툴고 불안했지만, 그 마디들이 모여 오늘의 내가 되었다.

대숲은 묻는다. "너의 마디는 어디쯤이냐? 그 마디마다 새잎은 돋고 있느냐?" 그 물음 앞에서 종종 침묵한다. 침묵은 고백보다 깊고, 고요는 깨달음보다 오래 남는다.

어린 시절, 집 뒤편 대나무 숲에는 언제나 아버지의 모습이 있었다. 가을이면 아버지는 날이 선 황새목낫으로 대나무 마디를 하나하나 다듬어 간짓대를 만드셨다. 능숙한 손놀림 사이로 낫날이 대나무의 결을 따라 부드럽게 미끄러졌다. 그 장면이 지금도 눈에 선하다. 때로는 곁에서 구경하던 내게 대나무 활을 만들어 주셨다. 활대에 시위를 매고, 나뭇가지로 깎은 화살을 걸어 쏘면, 화살은 바람을 가르며 멀리 날아갔다. 그 광경은 마치 영화 속 한 장면처럼 아련하다.

세월이 흘러 아버지가 세상을 떠나가신 뒤, 창고 한켠에 놓여 있던 낡은 간짓대를 다시 꺼내 들었다. 손때가 묻어 반질반질해진 표면을 쓸어보니, 아버지가 자주 하시던 말씀이 떠올랐다. "넘어지면 다시 일어나면 된다." 단순한 말이었지만, 그 안에는 살아가는 데 꼭 필요한 단단한 위로가 담겨 있었다.

대나무는 사람의 삶 속에서도 늘 함께했다. 농부의 지게 작대기, 아이들의 연살, 서당의 회초리, 생활의 도구로, 때로는 시대의 불의에 맞서 죽창으로 변했다. 쓰임은 달라도 곧음은 변하지 않았다. 그런 품격이 부럽다. 겉은 단단하되 속은 비어 있고, 서로 기대어 서 있으되 독립된 생명을 지닌 존재들. 바람이 불 때마다 어깨를 스치며 살아가는 모습이 꼭 인간 세상 같다.

달빛이 깊은 밤, 대숲에 스며들면 줄기마다 은빛 물결이 일어난다. 흔들리는 그림자가 땅 위에 파도처럼 출렁이고, 우듬지엔 작은 새 한 마리가 앉아 달을 바라본다. 그 모습을 보고 있으면 생각이 멈춘다.

대나무의 생은 길고도 단단하지만, 끝은 단 한 번의 꽃으로 완성된다. 수십 년을 푸르게만 살아오다 어느 날 모든 힘을 모아 꽃을 피우고는 생을 마감한다. 그 꽃은 허무가 아니라 완결이다. 오래 비우고 견디다 마침내 한 번의 진실로 피어나는 삶. 인간의 인생도 그 한순간을 위해 긴 기다림을 견디는 일일 것이다.

바람이 다시 분다. 대숲이 일제히 흔들린다. 사락사락, 그 소리는 마음의 먼지를 털어내는 빗자루 같다. 그 앞에 서서 천천히 숨을 고른다. 대숲은 말없이 속삭인다. “휘어도 된다. 꺾이지는 마라. 흔들려도 된다. 다시 일어서라.”

그 목소리가 오래도록 귓가에 남는다. 인생은 바람과의 동행이다. 버티는 법을 배우고, 비우는 법을 익히며, 다시 서는 법을 터득하는 여정. 오늘도 대숲 앞에 서서 바람의 노래를 듣는다. 지난날의 그림자를 보고, 아직 피어나지 않은 내 삶의 꽃을 본다. 조용히 되뇐다.

“대숲처럼 살자. 흔들리되, 부러지지 말자.”

소처럼 살고 싶었다

어머니는 내가 태어나기 전, 정읍 장에서 아버지가 소를 사 오는 태몽을 꾸었다고 하셨다. 그 말이 내 삶을 소처럼 만든 것인지도 모른다. 우직하고 정직하게, 묵묵히 일하며 살아가는 자세. 내가 어릴 적부터 마음속에 새겨온 삶의 방식이었다.

장에서 소를 사 오던 날이면, 집안은 온통 잔치 분위기로 들떴다. 땅을 사는 일보다 외양간에 생명을 불어넣는 순간이 훨씬 실감났고 더 기뻤다. 방울을 단 소가 집 안에 들어오면 텅 빈 외양간이 가득 찼고, 딸랑거리는 방울 소리는 마치 식구가 하나 늘어난 듯한 정겨운 소리였다.

소가 집에 들어서면 먼저 소의 입을 정성스레 닦아주었다. 먹성이 식구처럼 맞기를 바라는 옛 믿음이었다. 먼 길을 걸어온 소는 시원하게 개숫물에 풀어둔 쌀겨를 마셨고, 식구들은 소를 보며 관상풀이에 여념이 없었다. "순하네." "힘이 좋아 보여." 등의 말들이 오갔고, 그렇게 소에 대한 애정은 자연스럽게 가족의 구성원이 되었다.

소를 돌보는 일은 결코 쉬운 것이 아니었다. 여름에는 풀을 뜯기고 저녁에는 꼴을 베어 먹여야 했으며, 겨울이면 서너 동이의 쇠죽을 끓이며 하루를 시작했다. 굴뚝에서 연기가 오르면, 그것은 식구들 아침보다 먼저 시작된 소의 아침밥 짓기였다. 순서만 보면, 소는 집안의 가장처럼 대접받았다.

식구들은 소에게 노동의 대가 이상의 정을 쏟았다. 햇살 좋은 날엔 외양간 밖으로 내다 매어 싸리비로 털을 쓸어주었고, 마당가 멍석 위에서 나누던 이야기를 소도 함께 듣게 했다. 소가 새끼를 낳으면 사람처럼 금줄을 걸어 출입을 막았다. 사람과 다르지 않은 대접이었고, 깊은 정은 자연스럽게 가족 간의 유대감처럼 느껴졌다.

소도 묵묵히 집안일을 도왔다. 논밭을 갈고, 짐을 나르며, 연자방아까지 돌렸다. 특히 암소는 송아지를 낳아 가계를 돕는 중요한 자산이었다. 소가 있다는 것은 가정의 안정이었다. 갑작스러운 어려움으로 소를 팔게 되는 날이면, 허전함을 달래기 어려워 서둘러 송아지라도 들이려 힘을 썼다.

소는 늘 말없이 되새김질하며 하루를 살았다. 억울한 일이 있어도, 심란한 날에도, 소는 말없이 받아들이고 묵묵히 살아갔다. 간혹 성질 사나운 황소는 마치 투우장의 소처럼 저항하는 순간도 있었지만, 대부분의 삶은 주어진 자리에서 성실히 버텨내는 일이었다.

어린 시절 학교가 끝나자마자 소 먹일 풀을 베기 위해 산으로 달려갔고, 저녁이면 아버지를 도와 작두로 여물을 썰었다. 외양간 안에서 들려오던 되새김질 소리는 마치 시간의 리듬처럼 듣기에 좋았다. 호드기를 불며 풀밭을 누비던 기억, 파리를 쫓아 꼬리를 휘두르던 소의 뒷모습까지, 모든 장면은 내 기억에 아직도 또록또록하게 남아 있다.

그러나 세상이 변했다. 경운기가 들어오며 소는 일터에서 물러났다. 이제는 여러 마리를 길러 살만 찌우면 되었고, 코뚜레도, 외양간도, 싸리비의 애정도 필요 없게 되었다. 자유로워진 듯한 소의 눈빛에는 오히려 권태와 허전함이 일렁인다.

편해졌다고들 말하지만, 나는 가끔 묻고 싶어진다. 그렇게 사료만 먹으며 덤덤한 얼굴로 지내는 삶이 과연 행복한 것일까. 함께 땀 흘리며, 멍에를 메고 살아가던 시절보다 더 나은 것일까. 소는 대답하지 않는다. 워낭도 흔들지 않고 그 큰 입으로 조용히 되새김질할 뿐이다.

나는 소에게서 정직함과 인내를 배웠다. 말보다 행동을, 기대보다 성실을. 소는 인간보다 더 인간적인 가르침을 주는 무언의 철학자였다. 돌아보면, 고된 삶 속에 더 깊은 감동이 있었다. 소처럼 살고 싶다. 묵묵히, 그러나 충실하게.

개 팔자, 사람 팔자

어린 시절, 우리 집 마당 한쪽에는 늘 누렁이가 묶여 있었다. 나무 기둥에 묶인 줄이 닳고 닳아 누렁이가 오간 길이 움푹 파여 있었다. 누렁이는 언제나 허기진 눈빛으로 밥그릇을 기다렸다. 사람의 식탁에서 떨어진 밥풀과 국물 찌꺼기가 그의 하루 몫이었다. 내가 슬쩍 다가가면 혀를 내밀며 반겼지만, 어린 마음에도 그 눈빛은 외롭고 배고픈 지킴이의 것이었다.

그때의 개는 가족이라기보다는 '짐승'이었고, 무엇보다도 '집 지키는 존재'였다. 시골의 밤은 적막했고, 낯선 발소리 하나에도 개 짖는 소리가 집안을 깨웠다. 개는 인간의 동반자가 아니라 인간의 울타리에 불과했다.

그러나 이웃집 개 '동갱이'는 조금 달랐다. 꼬리가 짧아 크게 흔들지는 못했지만, 누구를 만나든 기꺼이 엉덩이를 흔들었다. 나는 학교에서 돌아오면 가방을 던져두고 동갱이와 함께 흙바닥에 뒹굴었다. 개와 사람이 흙투성이가 되어 구르는 순간, 우리는 구분 없는 한 마리의 '강아지'처럼 어우러졌다.

어느 날은 동네 뒷산에 함께 올라가 토끼를 쫓기도 했다. 숨을 헐떡이며 가파른 언덕을 오르내리던 기억 속에서 동갱이는 분명 동무였다. 개는 지킴이이자 친구였고, 동시에 자연과 인간을 잇는 다리였다. 그 시절의 햇빛과 바람, 흙냄새는 여전히 개의 이미지와 함께 떠오른다.

세월은 흐르고 풍경은 바뀌었다. 어느 날 길을 걷다 본 장면이 잊히지 않는다. 명품 유모차에 혀를 내밀고 앉아 있던 것은 아기가 아니라 반려견이었다. 털이 윤기 나는 골든리트리버가 고개를 기울이며 사람들의 시선을 받아내고 있었다. 하필 그 순간, 그 길 옆에 '보신탕' 간판이 스쳐 지나갔다. 한쪽에서는 개가 왕처럼 대접받고, 다른 쪽에서는 여전히 식용으로 취급되고 있다. 이 모순된 풍경은 우리 사회의 단면이었다.

생각해 보면, 개의 지위는 언어 속에서도 극적으로 바뀌었다. 과거에는 '개 같은 놈', '개자식'이란 욕이 흔했다. 먹을 수 없는 열매에는 '개살구', 못 먹는 버섯은 '개버섯'이라 불렀다. '개밥신세', '개망신'이라는 말은 하찮음의 대명사였다.

그러나 이제는 '개이뻐', '개똑똑', '개쩔어'처럼 '개'는 긍정의 접두어가 되었다. 이러한 표현들은 나이 든 내게는 기묘하게 다가온다. 같은 단어가 한 세대 만에 천대와 찬사의 양극단을 오간 것이다. 개가 사회의 거울이라지만, 이는 우리 언어와 의식의 변화를 여실히 보여주는 지표가 아닐까?

2023년 통계에 따르면 반려동물 양육비는 월평균 15만 원을 넘었다. 동네마다 애견 미용실과 호텔이 들어섰고, 고급 사료와 전용 보험 상품까지 쏟아진다. '펫코노미', '펫팸족', '딩펫족' 같은 신조어는 개가 단순한 애완의 단계를 넘어 '가족'의 지위를 얻었음을 말해 준다.

길을 걷다 보면 유모차 속 개를 보는 일이 낯설지 않다. 한강 변에는 반려견 수영장이 들어서고, 프리미엄 사료와 명품 목줄이 줄을 잇는다. 인간 사회의 외로움과 소비 욕망이 개를 통해 극대화되어 발현되는 듯하다.

놀라운 변화 속에서도 여전히 풀지 못한 숙제는 있다. 바로 '개고기'에 대한 논쟁이다. 지난 2024년 2월 6일 '개의 식용 목적의 사육 · 도살 및 유통 등 종식에 관한 특별법'이 시행되어 2027년부터는 식용 목적의 개의 사육과 도살, 유통이 전면 금지될 예정이지만, 지금 이 순간에도 개고기는 여전히 격렬한 논쟁의 중심에서 있다. 복날이면 소셜 미디어에는 찬반 논란이 들끓고, 언론은 철창에 갇힌 개와 이를 전통이라 말하는 사람들의 모습을 교차해 보여준다. 이처럼 과거와 현재, 전통과 변화가 충돌하는 지점에서 우리는 사회의 또 다른 단면을 마주하게 된다.

북한의 현실은 또 다르다. 탈북민의 증언에 따르면 평양에는 여전히 '단고기집'이 성업 중이고, 일부 부유층은 별식으로 즐긴다고 한다. 남쪽에서는 개가 가족이 되었지만, 북쪽에서는 여전히 식탁 위에 오르는 단백질이다. 한반도라는 같은 땅에서 이렇게나 다른 운명을 가진 동물이 또 있을까.

나는 이따금 의문을 던진다. 개를 왕처럼 극진히 모시는 것도, 혹은 그저 음식으로만 보는 것도 결국은 인간의 편의를 위한 것이 아닐까? 개에게는 네 발로 흙길을 거닐며 세상의 냄새를 맡을 자유가 절실하지만, 인간은 때로 그 본성을 외면하고 아기처럼 품에 안아 키우며 만족을 얻으려 한다.

얼마 전 동네 공원에서 본 장면이 오래 남았다. 한 노인이 작은 개를 유모차에 태워 산책하다가 청년과 어깨를 부딪쳤다. 청년이 버럭 화를 내며 욕을 하자, 노인은 빙그레 웃으며 말했다. "이 아이 이름이 '새끼'라오."

순간, 웃음 뒤에 묵직한 질문이 남았다. 개는 언제나 인간 사회에 질문을 던진다. 우리는 과연 어떤 방식으로 이들과 공생할 준비가 되어 있는가.

'개 팔자 상팔자'라는 말은 시대마다 다른 의미를 입었다. 찌꺼기를 얻어먹던 개에게는 자조였고, 침대 위를 차지한 오늘날의 개에게는 찬사다. 그러나 그 어느 경우에도 개는 인간의 거울이었다.

개를 대하는 우리의 태도는 결국 우리 자신을 비춘다. 욕망과 외로움, 전통과 변화, 책임과 사랑. 개는 네발로 걷는 짐승이지만, 그 곁에 선 인간의 모습은 언제나 다리 위의 거울처럼 비쳐온다.

배가 아플 때

"아이고, 배야…."

가끔, 무심결에 튀어나오는 말이다. 누가 뭘 잘됐다 하면, 입가에 먼저 맺히는 이 한마디. 배가 아픈 것도 아닌데, 왜 배가 아프다고 할까? 젊었을 땐 그저 입버릇처럼 뇌는 말로 여겼다. 하지만 나이가 들고, 얼굴에 주름이 하나둘 새겨지면서 그 말에 담긴 의미를 조금씩 알게 되었다.

그것은 실제의 고통이 아니라, 타인의 행복이 불러일으키는 마음의 불편함이었다. 시기심. 어쩌면 우리 모두에게 찾아오는, 그러나 우리가 쉽게 인정하지 못하는 감정이다.

얼마 전, 오랜만에 나간 동창회에서 한 친구를 만났다. 오래도록 얼굴을 못 봤던 동창들 사이로, 여전히 자신감 넘치는 목소리가 들렸다. 그는 건설업으로 성공해, 제주도에 별장을 마련했다고 말했다. 모두가 손뼉을 치고, 감탄을 쏟아냈다. 나도 웃으며 말했다. "정말 대단하다. 부럽다."

그 말에는 분명 진심이 섞여 있었지만, 동시에 묘한 쓴맛도 함께 있었다. 그 순간, 마음속에서 조용한 목소리가 하나 일어났다. '나는 평생 일해 겨우 아파트 한 채 마련했는데, 그는 제주도에 별장을 갖게 되다니….' 그 말이 내 속에서 길게 울렸다. 입 밖으로 꺼내지는 않았지만, 생각은 꼬리에 꼬리를 물었다. '제주도 집은 관리가 어렵지 않을까? 세금도 많이 나올 텐데.' 이런 생각으로 애써 내 감정을 눙쳤다. 이솝 우화 속 여우처럼. 닿지 않는 포도를 보며 "저 포도는 시어서 못 먹겠다."라고 말하며 돌아섰던 그 여우처럼.

며칠 뒤, 마을 회관에서는 평소에 가깝게 지내는 김 노인의 얘기가 들려왔다. 그 역시 나와 비슷한 형편으로 평생을 살아온 사람이었다. 그런데 그날은 아들이 대기업 임원으로 승진해서, 고급 승용차를 선물해 줬다고 자랑했다. "정말 자랑스러우시겠어요." 나는 말했지만, 속으로는 또 다른 감정이 꿈틀댔다.

그 말은 마음속에서 작은 불씨처럼 피어올랐다. 입가에 걸린 웃음은 그대로였지만, 마음속엔 슬며시 그늘이 깔렸다. 순간, 김 노인에게 "요즘 자식들, 돈 많이 벌면 부모를 멀리한다던데…. 걱정되시지 않아요?"라는 말이 목 끝까지 차올랐다. 다행히 그 말은 꿀꺽 삼켜졌다. 말을 삼킨 그 밤, 나는 내 안에 뿌리 깊게 자리한 감정을 돌아보았다. 그것은 다름 아닌 시기심이었다.

이 감정은, 놀랍도록 은밀하고 교묘하다. 겉으로는 웃으며 축하를 건네지만, 속으로는 초조함과 씁쓸함이 파도처럼 밀려온다. 가까운 사람이 잘될수록 더 큰 동요가 찾아오는 것도 이상한 일이다.

뉴스에서 유명 연예인이 수백억짜리 빌딩을 샀다는 기사에는 크게 배 아프지 않다. 재벌 회장이 수천억 원짜리 빌딩을 샀다는 이야기를 들을 때도 아무런 감정도 들지 않는다. 그건 애초에 내 인생과는 전혀 닿지 않는 세계의 이야기이기 때문이다. 하지만 사장이 된 친구나 김 노인처럼 나와 비슷한 처지에 있던 이들이 갑자기 앞서 나가면, 나는 흔들린다. 단순한 부러움을 넘어, 내 삶의 방향이 틀렸던 건 아닐까 하는 생각까지 든다. "그 사람은 됐는데, 나는 왜 안 될까?" 질문은 늘 내 안을 향해 날아오고, 나는 자신을 자꾸 작아지게 만든다.

아리스토텔레스는 시기심이 '평등이라는 전제'에서 비롯된다고 했다. 즉, 나와 동등하다고 여긴 사람이 성공할 때, 우리는 더 큰 질투를 느낀다는 것이다. 그의 말처럼, 나는 늘 나와 비슷하다고 생각한 이들의 성공에 더욱 민감하게 반응했다. 그들과 나를 끊임없이 비교하면서, 어느새 나는 그들의 삶에 감탄하는 대신 불편해하는 사람이 되어 있었다.

이런 감정은 마음에서 그치지 않는다. 그날 밤, 나는 소화가 되지 않아 뒤척였다. 명치가 답답하고, 가슴이 꽉 막힌 듯한 느낌이 들었다. 젊었을 땐 몰랐다. 마음의 불편함이 몸에까지 영향을 미친다는 걸. 이제는 경험으로 안다. 스트레스는 위장에서부터 시작된다는 것을.

그날 새벽, 나는 주방에 나가 물을 한 잔 들이켰다. 텅 빈 거실, 시계 소리만 들리는 정적 속에서 생각했다. '나는 왜 자꾸 남과 나를 비교하고, 그 안에서 스스로를 상처 입히는 걸까?' 어쩌면 우리는 누구나 약간의 시기심을 품고 살아가는 존재인지도 모른다. 하지만 그것이 삶의 중심이 되어서는 안 된다.

쇼펜하우어는 질투를 "상대가 나의 우월함을 의식하고 있다는 반증"이라 했다. 정반대의 시선에서 바라본 그의 말이, 뜻밖에도 위로가 되었다. 하지만 더 이상 그런 해석조차 필요하지 않은 삶을 살고 싶다. 남이 나를 질투하든, 내가 남을 부러워하든, 그 모든 감정에서 한걸음 물러서고 싶다.

돌이켜보면, 내 인생은 늘 비교의 연속이었다. 학창 시절 성적을 놓고 반 친구와 경쟁하던 시절부터, 누구의 자녀가 더 좋은 대학에 갔는지, 어떤 집이 더 넓은지, 누구의 수입이 더 높은지…. 비교는 끝이 없었고, 나는 언제나 그 기준에 나를 얹어 보며 살아왔다. 이제는 안다. 행복은 외부의 조건이 아니라, 내 안의 마음에서 비롯된다는 것을.

시기심은 결국 나를 조금씩 갉아먹는 독이다. 누군가의 삶을 부러워하는 동안, 나는 내 삶을 가꾸는 일을 게을리하고 있었다. 남의 정원에 핀 꽃이 아무리 화려해도, 내 정원의 꽃을 돌보지 않으면 진정한 기쁨은 오지 않는다.

이제 나는 마음을 다잡는다. 앞으로는 배가 아플 때마다 그 감정의 뿌리를 돌아보려 한다. 그 감정 속에 담긴 내 부족함과 외로움을 마주하며, 내 삶의 가치를 이해하고 인정하는 마음을 가져보려 한다. 사촌이 땅을 사든, 누가 빌딩을 사든…. 그것과 무관하게 내 마음은 평화로울 수 있기를. 남의 삶에 휘둘리지 않고, 나의 정원을 정성껏 가꿔가며 살아갈 수 있기를.

작은 날갯짓이 건네는 삶의 이야기

공원 벤치 근처에 이슬 맺힌 잔디 위로 참새 한 마리가 가볍게 톡톡 뛰어오른다. 회색과 갈색이 어우러진 몸통에 흰 눈썹선이 선명한 그 모습은, 마치 오래된 친구처럼 친숙하게 다가온다. 깃털 사이로 스며든 아침 햇살이 작은 부리 끝에서 금빛으로 반짝일 때, 조심스러운 작은 발로 흙을 헤집으며 씨앗을 찾는 그 모습은 도시의 콘크리트 숲에서도 여전히 살아 숨 쉬는 야생의 귀한 흔적이다.

어린 시절 외할머니 댁 초가집 처마 옆에서 보던 참새들처럼, 이 작은 생명은 여전히 우리 곁에서 숨 쉬고 있다. 그러나 이제는 공원의 잔디밭에서나 겨우 만날 수 있는 귀한 존재가 되었다.

낙엽이 수북이 쌓인 가을날, 참새 무리가 정겹게 모래 목욕을 하는 모습을 보며 나는 문득 깨달았다. 그들의 날갯짓은 단순히 하늘을 나는 몸짓을 넘어, 시간과 공간을 초월해 우리에게 깊은 이야기를 건네는 소리 없는 대화라는 것을.

참새는 '참새와 방앗간' 같은 속담처럼 예부터 우리 삶과 깊이 연관된 존재였다. 곡식이 익으면 낟알을 쪼아 먹어 농작물에 피해를 주기도 했지만, 성체가 되어서는 해충을 잡아먹으며 이로운 역할을 하기도 했다. 농민들은 참새를 쫓기 위해 허수아비를 세웠지만, 그들의 생태적 가치를 완전히 부정하지는 않았다. 그러나 1958년 중국에서는 마오쩌둥이 '네 가지 해로운 동물(사해) 박멸 운동'을 펼치며 참새 소탕을 명령했다. 전 국민이 냄비 뚜껑을 두드리며 참새를 몰아냈고, 수많은 참새가 지쳐 죽어갔다. 그 결과 참새가 사라지자, 메뚜기와 해충이 폭발적으로 늘어났고, 이는 끔찍한 대흉년으로 이어져 수백만의 목숨을 앗아가는 비극을 낳았다. 작은 톱니바퀴 하나가 빠지면 거대한 시계가 멈추듯, 생태계의 균형이 한순간에 무너진 것이다.

요즘은 참새를 볼 때마다 마음 한구석이 아리다. 공원 벤치에 앉아 빵 부스러기를 뿌리면 어느새 다가오는 그들의 눈빛에서는 예전 같은 평화로운 여유를 찾기 어렵다. 자동차 경적에 놀라 허둥대는 모습이나, 쓰레기통 주변을 맴도는 초라한 행색은 도시의 불청객이 된 그들의 현실을 적나라하게 보여준다. 그럼에도 얼마 전 전신주 위에 둥지를 튼 참새 가족을 발견했을 때, 나는 작은 희망을 보았다. 어미 새가 부지런히 먹이를 나르고, 새끼들이 작은 입을 벌리며 보채는 그 소박한 공간에서, 삶의 아름다운 드라마는 여전히 이어지고 있었다.

"짹짹짹." 새벽 동틀 녘이나 한낮의 나른한 오후, 귓가에 스며드는 참새의 울음소리는 한 편의 시 같다. 갈색과 회색빛이 어우러진 단정한 몸매, 작지만 총명함이 담긴 검은 눈망울, 조심스레 파닥이는 날갯짓까지. 참새는 존재만으로 우리 삶에 따스한 위로와 친근한 숨결을 불어넣는다.

이반 투르게네프의 수필에서 읽었던, 개에게 덤벼들며 새끼를 지키던 어미 참새의 헌신이나 날개 다친 동료를 두고 떠나지 못해 애절하게 울던 사연은 여전히 내 가슴 깊이 울린다.

하찮게 여겨지던 작은 생명의 위대한 본성은 유전자 이론만으로는 설명할 수 없는 사랑의 함성을 우리에게 들려준다. 참새를 바라보며 나는 내 안에 잠든 사랑의 존재, 즉 '인간' 자신을 다시금 확인한다. 그들의 절실한 울음에는 모든 생명이 지닌 '더불어 사는 삶의 가치'가 오롯이 담겨 있기 때문이다.

어린 시절 논에서 참새를 쫓던 기억은 지금도 생생하다. 학교에서 돌아오면 가방을 내려놓기 무섭게 아버지가 만든 팡개를 들고, 어머니가 싸준 수수깡을 허리춤에 넣고 논으로 달려갔다. 참새들이 어찌나 영리한지 한 번의 팡개질로는 꿈쩍하지도 않던 기억이 난다. 비록 참새가 곡식을 쪼아 먹었지만, 우리 선조들은 그들을

'풍요와 복'의 상징으로 여겼다.

그러나 이제 도시의 시멘트 숲에서 참새를 만나기는 점점 어려워졌다. 참새는 천연기념물은 아니지만, 사라져가는 그들의 모습은 인간 중심의 사회가 메마른 세상의 단면을 고스란히 보여준다. 그래서 요즘 나는 건물 틈새나 에어컨 실외기 뒤에 둥지를 틀 만한 공간을 살피거나, 베란다에 새 모이통을 설치해 풀씨나 쌀알을 놓아둔다. 얼마 지나지 않아 참새 한두 마리가 조심스레 모이통 주변을 맴돌기 시작한다. 그 작은 날갯짓은 우리에게 속삭인다. '함께 살아가는 법을 잊지 말자'라고, '작고 보잘것없어 보이는 존재의 소중함을 기억하라'라고.

오늘도 창밖에서 들려오는 "짹짹" 소리에 귀 기울이며, 나는 그 작은 목소리가 영원히 사라지지 않기를 기도한다.

촉감으로 기억하는 사랑

사람마다 위로받는 방식이 있다. 누군가는 사람의 말에서 위로를 얻고, 누군가는 조용한 음악이나 익숙한 냄새에서 위안을 받는다. 나에게 위로는 언제나 '촉감'에서 시작되었다. 따뜻한 기운이 스며드는 순간, 말로 다 하지 못한 감정들이 천천히 풀렸다. 어릴 적 나는 담요 하나에 내 마음을 맡기곤 했다. 그 낡은 담요는 내게 단순한 보온을 위한 물건이 아니었다. 그건 나만의 요람이었고, 천장 없는 나만의 집이었으며, 내가 처음 배운 언어였다.

기억 속의 담요는 회색과 갈색이 뒤섞인지 오래된 것이었다. 한쪽 구석에는 실밥이 풀려 있었고, 군데군데 작은 구멍이 뚫려 있었다. 그럼에도 나는 그 담요를 애지중지했다. 엄마는 깨끗한 새 담요를 가져다주려고 했지만, 나는 고집을 꺾지 않았다. 새로운 것은 낯설었고, 깨끗한 것은 어딘가 차가웠다. 나는 언제나 그 낡은 담요를 찾아냈다. 바구니 안에서, 빨랫줄 아래에서, 심지어 쓰레기 더미 옆에서도 기어이 그 담요를 찾아냈다.

어느 겨울이었다. 엄마는 더는 참을 수 없다는 듯 그 담요를 버렸다. 툭 던져지는 소리와 함께 내 세계는 무너졌다. 나는 울었다. 어린 마음에는 그것이 세상의 끝처럼 느껴졌다. 엄마가 버린 것은 천 조각이 아니라, 내 유년의 안식처이자 세상 전부였기 때문이다. 나는 그것을 되찾기 위해 몸을 던졌고, 결국 눈물로 범벅된 얼굴로 담요를 품에 안았다. 그날 이후 엄마는 그 담요를 함부로 건드리지 않았다. 나에게 그것이 어떤 의미인지 어렴풋이 느낀 것 같았다.

담요는 매일 밤 나를 감싸안았다. 한겨울의 추위보다 더 두려운 건 혼자라는 느낌이었다. 하지만 그 담요를 덮는 순간, 나는 혼자가 아니었다. 누군가의 품처럼 포근함이, 말하지 않아도 전해지는 위로가 내 몸을 감쌌다. 내 숨결은 천천히 고요해졌고, 담요의 무늬를 따라 꿈길로 접어들었다. 마치 담요가 나를 태워 어딘가 따뜻한 곳으로 데려가는 듯했다.

시간은 흘러, 나는 어른이 되었다. 대학에 가고, 자취방에 들어가며 담요는 점차 멀어져 갔다. 대신 책상과 쌓인 책과 알람 소리가 내 공간을 채웠다. 하지만 고단한 하루 끝, 불을 끄고 누우면 여전히 손끝은 옛 담요의 촉감을 찾았다. 차가운 이부자리 위에서 나는 본능처럼 따뜻한 것을 찾았다. 기억은 손끝에 먼저 남는다는 말을 실감했다. 눈으로 볼 수는 없어도, 손은 기억하고 있었다.

그 무렵, 나는 아기 인형 하나를 선물 받았다. 생일 선물이었다. 누군가 웃으며 건넸지만, 사실 나는 처음엔 조금 당황했다. 이런 걸 어디에 두어야 할지, 어떻게 대해야 할지 잠시 망설였다. 하지만 어느 날, 기분이 몹시 가라앉은 밤, 나는 무심코 그 인형을 끌어안고 잠이 들었다. 놀라운 일은 그날 밤 일어났다. 낯선 공간에서, 낯선 몸으로 살아가던 내가 오랜만에 깊이 잠든 것이다. 인형의 작은 몸피, 부드러운 감촉, 말 없는 존재감은 유년의 담요처럼 내 긴장을 풀어주었다.

그 후로 나는 그 인형을 곁에 두기 시작했다. 이름도 붙이지 않았고, 특별한 의미를 부여한 것도 아니지만, 그것은 점점 내 일상의 중심이 되었다. 인형의 눈망울은 말없이 나를 바라보았고, 나는 그 시선을 느낄 수 있었다. 힘든 하루를 마치고 돌아온 밤, 그 인형의 곁에 누우면 문득 묻는 소리가 들리는 것 같았다. “오늘의 무게는 얼마인가요?”

나는 종종 그 질문에 대답한다. 속으로, 아주 작게. “오늘은 좀 무거웠어. 하지만 괜찮아. 네가 있어서.” 아기 인형은 말이 없지만, 그 무언의 침묵이 오히려 진심으로 느껴졌다. 말보다 촉감이, 목소리보다 체온이 더 큰 위로가 되는 순간들을 비로소 깨달았다. 인형은 나를 위로하려 들지 않았다. 그저 존재해 주었을 뿐이다.

어릴 적 담요가 그랬던 것처럼.

사람은 감각으로 기억하고, 감각으로 위로받는다. 차가운 유리컵을 쥘 때, 사랑하는 이의 손끝이 닿을 때, 봄날의 햇살이 목덜미를 스칠 때 우리는 말이 아닌 피부로 감정을 느낀다. 나에게 담요는 단순한 직물이 아니었다. 그것은 감정의 저장소이고, 오래된 언어였다. 말보다 진한 언어. 누군가를 사랑하고, 누군가를 떠나보내며 남겨진 물건을 손에 쥐었을 때, 사람은 그제야 실감한다. 그 물건이 전해주는 감촉 속에 얼마나 많은 마음이 녹아 있는지를.

우울이 그림자처럼 따라붙는 날이면, 나는 담요 속에 파고든다. 지금의 담요는 그 옛날 것과 다르다. 향도, 색도, 촉감도 다르지만, 그 안에서 나는 여전히 '나'로 돌아간다. 시간의 모래시계를 거꾸로 돌리는 듯한 감각. 담요 속에서 나는 다시 아이가 된다. 아무 걱정 없이 잠들고, 아무 말 없이 위로받는 아이.

그 담요 안에서, 나는 내면의 균열을 꿰맨다. 억눌린 눈물이 천천히 스며 나오고, 잊고 지낸 감정들이 다시 숨을 쉰다. 마치 폐부 깊숙한 곳까지 파고드는 따뜻한 김처럼, 그 안에서 상처는 녹아내리고, 새로운 치유가 시작된다.

사람은 말로 상처받지만, 감각으로 치유된다. 손끝이 닿는 순간, 나의 피부는 기억한다. '너는 혼자가 아니야.' 이 단순한 진실이야말로 얼어붙은 관계를 녹이고, 폐허 속에서도 희망을 캐내는 가장 인간적인 연금술이다.

오늘도 나는 아기 인형의 볼을 어루만지며 담요 속에 몸을 눕힌다. 아무에게도 말하지 못한 하루의 무게를 천천히 풀어놓는다. 조용한 기도가 시작된다. 이 작은 의례는 내가 나에게 건네는 가장 오래된 위로이자, 미래를 향한 나지막한 다짐이다.

4부

숲을 걷다 만난 눈빛

산길에서 만난 눈빛 / 투명한 날개에 담긴 삶의 은유
고양이, 외로움의 거울 / 숲을 걷다 만난 눈빛
광장에 남은 날갯짓 / 직박구리의 노래
왕잠자리를 잡다가 / 회색 도시, 노란 날개

산길에서 만난 눈빛

산길을 홀로 걷던 날이었다. 낙엽은 바스락거리며 발밑에서 흩어지고, 저 멀리 능선에는 엷은 안개가 걸려 있었다. 숲은 고요했지만, 그 고요 속에는 수많은 생명의 숨결이 담겨 있었다. 호젓한 길 위에서 문득 한 마리 고라니와 마주쳤다.

순간, 걸음을 멈추었다. 고라니는 가녀린 다리를 곧추세우고 나를 똑바로 바라보았다. 도망칠 듯 긴장했지만, 그 눈빛 속에는 묘한 호기심이 서려 있었다. 낯설면서도 친근한 감정이 뒤섞인 눈빛이었다. 말은 없었으나, 잠시 서로의 존재를 느끼며 묘한 교감을 나누었다.

동물과 마주할 때 가장 먼저 마음에 와닿는 것은 그들의 눈이다. 사람의 말은 서로의 의도를 설명하지만, 동물은 눈빛과 몸짓으로 속마음을 전한다. 고라니의 눈은 깊은 숲의 샘물 같았다. 도망치고 싶은 불안과 알 수 없는 신뢰가 함께 비치고 있었다.

문득 오래전 기억이 떠올랐다. 어린 시절, 시골집 마당에서 함께 자란 개 '누렁이'가 생각났다. 누렁이는 말이 없었지만, 내가 울면 슬며시 다가와 발치에 앉았다. 그 따뜻한 눈빛 속에서 말할 수 없는 위로를 얻었다. 누렁이는 울음을 멈추게 하려 하지 않았다. 그저 묵묵히 곁에 있어 주었다. 그때 처음으로 깨달았다. 진정한 교감은 말을 건네는 것이 아니라, 말없이 함께 머무는 데 있다는 것을.

어떤 생태학자의 말이 생각난다. "동물과 인간의 교감은 동물의 행동과 감정을 파악하는 것에서부터 시작된다."라고 했다. 그 말은 단순한 학문적 언급이 아니라, 내 경험 속의 진실과도 맞닿아 있었다.

어느 가을날, 내장산 숲길을 걷다 우연히 마주친 다람쥐는 작은 앞발로 도토리를 꼭 쥐고 내 눈치를 살폈다. 그 순간 불현듯 깨달았다. 내가 한 발 다가가면 그 작은 존재는 공포에 질려 숲속으로 도망칠 것이다. 진정한 교감은 욕심내어 다가서는 것이 아니라, 멀찍이 서서 바라보고 기다리는 데 있다. 동물은 침묵으로 가르치는 스승처럼 느껴진다. 그들의 눈빛과 행동을 읽는 순간, 나는 겸손해지고 한없이 낮아진다.

동물과의 교감은 삶 속에서 늘 깊은 가르침으로 다가왔다. 몇

해 전의 일이다. 아파트 뒤 공원으로 산책하러 갔는데 떠돌이 개 한 마리가 내 앞을 서성였다. 추위와 굶주림에 지친 듯 몸은 잔뜩 웅크렸지만, 눈빛만은 여전히 생기를 잃지 않고 빛나고 있었다. 나는 집으로 돌아와 먹다 남은 밥을 그릇에 담아 조심스레 내놓았다. 개는 내가 등을 돌리는 순간 조용히 다가와 밥을 먹기 시작했다. 물리적인 거리는 줄어들지 않았지만, 그 작은 몸짓 하나가 전하는 고마움과 신뢰에 가슴이 벅차올랐다. 말없이 서로를 향한 신뢰는 그렇게 보이지 않게 조금씩 자라났다.

또 한 번은 밭일하는 소를 본 적이 있다. 소는 묵묵히 밭을 갈고 있었는데, 거친 숨을 몰아쉬며 헐떡이고 있었다. 내가 무심히 다가가 등을 쓰다듬자, 소는 커다란 눈을 천천히 깜빡이며 내 손길을 받아주었다. 그 순간, 인간이 동물을 돌보는 것이 아니라 오히려 동물이 인간의 마음을 넓혀주고 있다는 사실을 깨달았다.

동물과 인간의 교감은 순간의 사건으로 끝나지 않는다. 그것은 인간 내면 깊은 곳에 오래도록 울림을 남긴다. 우리는 동물을 통해 타인의 고통을 느끼는 법을 배우고, 언어 없는 이해가 가능하다는 사실을 깨닫는다.

숲길 위에서 고라니와 나눈 눈빛은 삶의 한 장면으로 오래도록 남아 있다. 말 한마디 오가지 않았지만, 그 침묵 속에서 나는 더 많은 것을 들었다. 자연은 언제나 그랬다. 바람은 말하지 않지만, 나뭇잎을 흔들며 계절을 알리고, 강물은 노래하지 않지만 쉼 없는 흐름으로 생명의 질서를 보여준다. 동물 또한 그러하다.

이제 안다. 교감이란 억지로 다가서거나 소유하려는 순간 사라져 버리는 것임을. 그저 멀리서 바라보며 마음을 열 때, 비로소 진실한 교감이 시작된다.

가을 산길에서 만난 고라니의 눈빛은 오래도록 기억에 남아 삶의 길을 비추는 등불이 되었다. 그것은 침묵 속의 대화였고, 경계와 신뢰가 동시에 존재하는 신비로운 순간이었다.

동물과 인간의 교감은 자연이 우리에게 주는 가장 순수한 선물이라는 것을 이제 안다. 그리고 그 선물은 언제나 말없이, 그러나 분명히 우리 곁에 머물고 있다.

투명한 날개에 담긴 삶의 은유

입추가 지났다고는 하지만, 햇살은 여전히 쨍하다. 하늘은 높푸르고, 구름은 풀어놓은 솜처럼 두둥실 떠다닌다. 여름 끝자락, 그 하늘을 올려다보다 보면 문득 내가 구름이 되어 넓은 호수 속에 몸을 담근 듯한 착각에 빠지곤 한다. 그 황홀한 순간은 단순한 풍경을 넘어 살아 있음의 증거처럼 다가온다. 아마도 어린 시절 내가 잠자리를 쫓던 이유도 그 설렘 때문이었으리라.

공원 길을 걷다가도 "파드득" 하는 소리에 본능처럼 고개를 든다. 햇살을 받아 번쩍이는 투명한 날개. 무더위마저 잊게 만드는 잠자리들의 가벼운 비행을 바라보면, 나는 어느새 어린 시절 한복판으로 되돌아간다.

여름방학은 온전히 나의 것이었다. 학원도 계획표도 없던 시절,

시간은 한없이 느리게 흘렀다. 매미 소리가 가득한 오후, 친구들과 개울로 달려가 물장구를 치고 맨발로 흙먼지를 일으켰다. 방학 숙제였던 곤충 채집은 잠자리를 마음껏 쫓을 핑계였다. 채집망을 들고 논두렁을 달리며 잠자리의 날개가 햇살에 흩뿌리는 무늬를 보는 순간, 어린 마음에도 세상의 알 수 없는 경이로움을 어렴풋이 느꼈다.

세월이 흘러 어른이 된 뒤에도 잠자리는 불현듯 나타났다. 어느 여름, 들녘을 걷다가 왕잠자리가 된장잠자리를 단숨에 사냥하는 장면을 본 적이 있다. 제 몸집만 한 상대를 거침없이 제압하는 힘, 사냥꾼의 눈빛 속에 서린 냉정한 질서 앞에서 나는 숨조차 잊었다. 그 순간 깨달았다. 인간의 지식으로는 닿을 수 없는 자연의 냉혹한 세계가 있다는 것을.

가을 문턱에 들어서면 고추잠자리가 마른 옥수수 대궁 위에서 묵언 수행하듯 앉아 있곤 한다. 꼬리를 흔들며 제자리를 지키는 모습은 '너는 얼마나 많은 것을 덜어내야 저토록 가벼워질 수 있겠느냐.'라고 내게 묻는 듯했다. 투명한 날개는 빛만을 머금은 채, 더 이상 어떤 해명도 필요 없다는 듯 고요히 빛났다.

잠자리는 수만 개의 낱눈으로 사방을 보고, 네 장의 날개를 따로 움직여 정지와 후진까지 해내는 묘기를 부린다. 그러나 무엇보다 매혹적인 건 그들의 생애다. 긴 시간을 물속 애벌레로 지내다 마지막 탈피를 통해서만 하늘을 누빌 수 있다. 짧은 날갯짓을 위해 긴 기다림을 견디는 삶은 수행 끝의 깨달음과도 같다.

죽어서도 날개를 접지 못하는 운명은, 끝내 꿈을 버리지 못하는 존재들의 고통을 닮았다. 가을 끝, 텅 빈 연못 위를 배회하는 늙은 잠자리의 고독을 우리는 짐작조차 할 수 없다.

삼만 개의 눈으로 세상을 보면서도 정작 자기 안의 두려움은 보지 못하는 존재. 그러나 나는 그들의 투명함 속에서 희망을 본다. 언젠가는 나만의 날개를 펼칠 수 있으리라. 잠자리처럼 허물을 벗고 두려움을 흩날리며 다시 일어설 수 있으리라. 마지막 순간, 투명한 영혼으로 날아오를 수 있으리라는 믿음이 내 안에 깃든다.

가을 저녁, 잠자리들은 하늘에 원을 그리며 군무를 춘다. 날갯짓은 바람을 흔들고 햇살을 부수어 흩뜨린다. 그 침묵은 오래 묵상한 수행자의 미소처럼 맑다. 두 마리가 몸을 맞대어 나는 모습은 마치 싸움처럼 보이기도 하지만, 그 속에는 사랑의 완전한 합일이 있다. 홀로 날아온 먼 길과 다시 떠나야 할 먼 길 사이, 단 한 순간을 위해 서로에게 기대는 모습. 그 뜨거운 장면 앞에서 나는 오래도록 마음이 흔들렸다.

어린 시절의 방학 과제였던 잠자리. 그러나 지금의 잠자리는 내게 '삶의 은유'다. 어둠을 지나야만 비상의 순간을 얻는다는 진실. 햇살을 담은 투명한 날개처럼, 삶도 상처와 두려움을 껴안아야 더 멀리 날 수 있음을 일깨워준다.

가을빛 저녁, 옥수수 대궁 위에 앉은 잠자리가 날개에 묻은 햇살을 털어낸다. 그 가벼움이 내 마음속 기도가 된다. 언젠가 나도 모든 굴레에서 벗어나 저 알 수 없는 하늘 저편으로 날아오르리라. 여름날 물가에서 허우적대던 소년의 두려움도, 세월이 남긴 무게도, 잠자리 날갯짓처럼 흩어져 사라지리라.

나는 오늘도 파란 하늘을 올려다본다. 그 속을 자유롭게 가르는 잠자리들을 바라보며, 언젠가 내 마음도 저 날개처럼 투명해지리라.

고양이, 외로움의 거울

시골집 마당에 들어서면 가장 먼저 맞아주는 것은 사람이 아니었다. 주인보다 먼저 평상 위에 누워 눈을 가늘게 뜬 채 나를 맞이하는 고양이가 있었다. 가까이 다가가면 한두 번 야옹거리다가도 이내 시선을 돌려 사라져 버리곤 했다. 그 무심한 태도에 '고양이와의 친밀해지기는 어렵구나.' 싶다가도, 그 모호함이 오히려 내 마음을 끌어당겼다. 고양이는 늘 알 수 없는 거리로 나를 유혹했다.

겨울이 오면 마을 고양이들은 따뜻한 구석에 몸을 숨겼다. 평상 밑, 헛간, 낡은 자전거 수레 아래, 그들의 임시 안식처는 소박했지만, 햇살이 비추는 날엔 등을 내밀고 졸던 모습이 마치 작은 난로처럼 내 마음까지 녹여냈다. 어린 시절, 아궁이에 불을 지필 때면 고양이는 장작불 옆에 슬며시 몸을 누이곤 했다. 따스한 연기에 취해 졸던 그 모습은 지금도 선명한 영상으로 남아 있다. 내 작은 손이 머리를 쓰다듬을 때면, 고양이는 눈을 반쯤 감은 채 고른 숨을 내쉬며 손길을 받아들였다.

고양이는 인류와 수천 년을 함께해 왔다. 쥐를 잡아 곡식을 지키던 존재였고, 고대 이집트에선 신으로 추앙받기도 했다. 하지만 개와 달리 고양이는 절대 인간에게 순종을 거래하지 않았다. 항상 자신만의 거리를 유지하며, 때로는 무심하게, 때로는 따뜻하게 우리를 바라보았다. 인간은 그 모호함 속에서 오히려 위안을 찾았던 것일까?

사람들 사이에 전해지는 이야기가 있다. 한밤중 집에 불이 나자, 고양이는 날카롭게 울며 주인을 깨웠다고 한다. 주인은 그 울음에 놀라 일어나 가족 모두를 화재에서 구했다. 자신의 위험도 잊은 채 끝까지 주인을 이끈 그 몸짓은 단순한 본능일까, 아니면 생명을 구하려는 절박한 마음이었을까? 나는 이 이야기를 들을 때마다 시골집 고양이를 떠올린다. 밤마다 마당을 어슬렁거리며 쥐를 쫓던 그 녀석도, 언젠가 나를 위기로부터 지켜주었을지 모른다.

어느 집 고양이는 명절 아침이면 어디서 구했는지 생선을 마당에 내려놓곤 했다고 한다. 누군가에겐 장난처럼 보였지만, 주인에게는 '함께 나누고 싶다.'라는 마음의 표시였는지도 모른다. 어린 시절, 추석 아침에 이웃집 고양이가 놓고 간 생선을 보며 어머니는 "고양이도 복을 가져오려는 거야."라고 하시며 웃으셨다. 그 순간, 고양이는 단순한 이웃이 아닌 한식구가 되어 있었다.

런던의 노숙자와 길고양이 '밥'의 이야기도 떠오른다. 약물 중독으로 무너진 남자가 다친 길고양이를 돌보면서, 둘은 서로의 어깨가 되었다. 고양이는 그의 어깨 위에서 세상을 마주했고, 사람들은 그들의 모습에 지갑을 열었다. 결국 남자는 거리의 삶을 벗어나 새출발을 할 수 있었다. 이 이야기를 떠올릴 때면, 가난한 시골집에서 고양이가 내 무릎에 턱을 괴던 순간이 겹친다. 그 작은 체온이 품어준 위로는 말로 다할 수 없는 것이었다. 밥을 살린 것은 세상의 온정이 아니라, 고양이의 무심한 동행이었을 테니까.

이탈리아의 고양이 '톨도'는 주인의 무덤 앞에서 풀잎과 음식을 물어다 놓았다고 한다. 매일 같은 행동은 단순한 습관이 아니라 애도의 표현이었다. 사람들은 그 모습에 놀라움을 금치 못했고, 톨도의 이야기는 전 세계로 퍼져나갔다. 나는 그 소식을 접할 때 병든 할아버지 곁을 지키던 고양이를 떠올린다. 할아버지의 숨소리가 잦아들 때까지 고양이는 발치에서 움직이지 않았다. 마지막 순간까지 주인의 곁을 떠나지 않은 것이다.

고양이는 인간에게 절대 순종하지 않는다. 그러나 그 자유로운 태도가 역설적으로 우리에게 위로를 준다. 무관심 속에 상처받으면서도 다시 다가가고 싶은 마음, 그것은 우리가 잃어버린 관계의 원형을 닮았다. 마당의 고양이가 내게 묻는다. “너는 나를 이용하니, 아니면 함께 살아가니?” 그 질문은 고양이가 아닌 나 자신을 향한 것이다. 고양이는 말없이 우리의 마음을 비추는 거울이다.

도시의 외로움 속에서 고양이는 오늘도 살아간다. 인간과 고양이는 서로에게 필요한 존재다. 다만 그 필요가 이용이 아닌 진정한 공존으로 이어지길 바란다. 고양이가 남긴 발자국은 내 마음의 가장 깊은 곳에 스며들어 오래도록 따스함을 전한다.

숲을 걷다 만난 눈빛

얼마 전 가을 산길을 홀로 걸었던 날을 아직도 선명히 기억한다. 바람이 불 때마다 나뭇잎은 서로 부딪혀 바스락거렸고, 땅바닥에 흩어진 낙엽은 내 발걸음을 따라 부서졌다. 산허리에는 얇은 안개가 실처럼 걸려 있어, 능선은 마치 한 폭의 수묵화처럼 아득히 번져 있었다. 사람의 그림자 하나 없는 길 위에서, 나는 잠시 멈춰 서서 그 고요를 온몸으로 들이켰다. 나무와 흙냄새, 그리고 멀리서 들려오는 까마귀의 울음이 가을을 더욱 깊게 만들었다.

그런데 바로 그때, 길목에 불쑥 나타난 작은 생명이 있었다. 어두운 털빛에 유난히 맑은 눈동자를 가진 고양이였다. 녀석은 망설임 없이 내 앞을 가로막더니, 몸을 웅크리고 낮게 울었다. 금세 알아차릴 수 있었다. 아프다는 신호였다. 배를 만져보니 딱딱하게 만져지는 멍울이 있었다. 순간 마음이 철렁 내려앉았다. '혹시 종양일까. 주인이 감당하지 못해 버린 걸까….'

나는 한동안 녀석을 안아 들었다. 몸은 믿을 수 없을 만큼 가벼웠고, 털 사이로 비친 피부는 힘없이 늘어져 있었다. 손길을 따라 고양이는 작은 울음을 흘리며 눈을 감았다. 그러나 내가 할 수 있는 일은 아무것도 없었다. 결국 녀석을 길가에 내려놓을 수밖에 없었고, 발걸음을 옮겼다. 그런데도 녀석은 저만치 앞서가더니 다시 내 앞을 막아섰다. 그 눈빛 속에는 말로 설명하기 힘든 간절함과 질문이 깃들어 있었다. 나는 끝내 답하지 못하고 길을 내려왔지만, 그 눈빛은 오래도록 내 마음을 붙잡았다.

그날 이후 나는 자꾸만 되묻게 되었다. '동물도 우리처럼 마음이 있는 걸까? 인간과 동물은 정말 서로 통할 수 있는 걸까?'

그 물음은 문득 다큐멘터리 영화 「워낭소리」를 떠올리게 했다. 늙은 농부와 소가 함께 살아가는 일상을 담은 작품이었다. 다리조차 불편한 농부가 산중턱까지 올라가 소에게 먹일 꼴을 베어 오고, 늙은 소는 곧 죽음이 다가옴을 알면서도 주인을 태운 수레를 끌었다. 농부가 잠들면 소는 집으로 스스로 길을 찾아 돌아왔다. 그러나 어느 날, 농부가 "소 시장에서 팔아야겠다."라는 말을 하자, 소는 여물을 거부하고 눈물을 흘린다. 화면 속 그 눈빛은 내가 산길에서 마주친 고양이의 눈빛과 닮았었다.

나는 그 장면에서 언어를 초월한 교감을 보았다. 소와 농부 사이에는 단순한 생계와 노동 이상의 것이 존재했다. 마음과 마음이, 숨결과 숨결이 연결된 것이었다. 경희대학교 유정칠 교수는 "동물과 인간과의 교감은 동물의 행동과 감정을 사람이 파악하는 것에서부터 시작된다."라고 했다. 강아지가 눈빛으로 '놀아 달라'는 뜻을 전하고, 주인의 기분에 따라 흥분하거나 침울해지는 것, 모두 같은 맥락이다.

나는 이 말에 깊이 공감한다. 왜냐하면 내 어린 시절의 기억 속에도 그런 장면들이 가득하기 때문이다. 시골 마당을 지키던 누렁이는 내가 학교에서 돌아오는 발걸음 소리만으로도 앞마당에 달려 나왔다. 문을 열기도 전에 꼬리치는 소리가 들렸고, 그때마다 나는 녀석의 눈빛에서 반가움과 기쁨을 읽었다. 또 논둑길에 앉아 있던 고양이는 내가 다가가면 도망가지 않았다. 오히려 등을 내밀며 손길을 기다렸다. 그 순간마다 나는 '통한다'라는 감각을 분명히 느꼈다.

그러나 또 다른 순간에는 동물이 잔인하게 이용당하는 현실과 맞닥뜨리곤 했다. 시장의 철창 속에 갇힌 강아지들, 연구실에서 희생되는 쥐들, 도축장으로 끌려가는 소와 돼지들을 볼 때마다 마음 한구석이 무너졌다. 인간의 필요와 욕망 앞에서 동물의 감정과 의식은 너무도 쉽게 무시되었다. 데카르트는 동물을 "태엽으로 움직이는 기계"로 보았다. 감각도, 사고도 없는 존재. 그러나 나는 그것이 인간의 오만이었음을 느낀다. 그 철학은 인간이 자연을 정복할 수 있다는 자만의 그림자였다.

반면에 고대 그리스의 피타고라스는 동물에게도 영혼이 있다고 믿었다. 그는 개를 때리는 사람을 말리며 "짖는 소리에 내 친구의 영혼이 있다."고 했다는 일화가 전해진다. 서양 언어에서 'animal'이 'anima', 즉 영혼에서 비롯된 것 또한 우연이 아니다. 오늘날 과학은 이런 직관을 입증한다. 침팬지는 거짓말을 하고, 개는 사람의 얼굴에서 감정을 읽는다. 호랑이는 사육사에게 콧김을 내어 반가움을 표현한다. 2012년 '의식에 관한 케임브리지 선언'은 "인간이 아닌 동물도 의식을 가진다."고 명시했다. 포유류와 조류, 심지어 문어까지도. 이는 우리에게 묻는다. 우리는 여전히 인간만이 특별하다고 믿고 있지는 않은가?

나는 답한다. 아니다. 인간도 결국 하나의 동물이다. 다만 조금 다른 언어와 생각을 가졌을 뿐이다. 그렇다면 우리가 가진 우월성은 지배가 아니라 함께 살아갈 책임으로 이어져야 한다. 며칠 전, 아이가 내게 물었다. "할아버지, 강아지도 마음이 있어요?" 나는 대답하지 않고 아이에게 강아지와 눈을 맞추게 했다. 녀석은 꼬리를 흔들며 다가왔고, 아이는 그 순간 말없이 웃었다. 그 웃음 속에 이미 답이 있었다. 아이는 스스로 느낀 것이다. '이 작은 생명도 나와 같은 마음을 가지고 있구나.'

가을 산길에서 만난 고양이의 눈빛은 지금도 내 안에서 살아 있다. 그것은 질문이자 부탁이다.

"당신은 나의 고통을 보았습니까? 당신은 나를 기억합니까?"

나는 이제 이렇게 대답하고 싶다.

"네, 나는 기억합니다. 그리고 나는 외면하지 않겠습니다. 인간과 동물, 우리는 모두 같은 생명의 숲을 걷고 있으니까요."

광장에 남은 날갯짓

푸드득, 갑작스러운 날갯짓에 광장의 공기가 흩어진다. 비둘기 떼가 분수대 위에서 일제히 날아올라 하늘을 가르고, 그 소리는 공기 속에 작은 파문처럼 번진다. 잠시 놀란 사람들은 발걸음을 멈추고 길을 비켜선다. 바람이 깃털을 흩날리고, 햇살을 머금은 물방울 사이로 회색빛 날개가 반짝인다. 곧 비둘기들은 다시 분수대 가장자리에 내려앉는다. 긴장과 소란은 언제 그랬냐는 듯 사라지고, 도시는 다시 무심한 흐름으로 돌아간다. 그 순간, 비둘기는 마치 오래된 돌기둥처럼 움직임을 멈춘 채 앉아 있다.

서울 시청 앞 광장에서, 혹은 부산 남포동의 번잡한 거리에서 흔히 볼 수 있는 풍경이다. 낮은 건물 처마나 지하철 환기구 위에 줄지어 앉은 비둘기들, 사람들이 흘린 빵 부스러기를 향해 몰려드는 무리. 아이들은 신기하다는 듯 손을 뻗고, 어른들은 익숙한 듯 시선을 다른 데로 돌린다. 늘 곁에 있지만, 온전히 반기는 이는 드물다. 도시 속에서 비둘기는 '있으되 보이지 않는' 존재, 그림자 같은 생명으로 살아간다.

그들의 깃털은 본래 은빛에 가까운 밝은색이었으리라. 그러나 매연과 먼지, 그리고 사람들의 무관심 속에서 빛을 잃었다. 남아 있는 것은 잿빛 광택뿐이다. 햇살이 비추면 간혹 금속성 빛을 내며 반짝이지만, 그 찰나의 아름다움조차 많은 이들의 눈에는 띄지 않는다. 발가락은 거칠게 닳아 굳은살이 박였고, 사람 발길에 채도 좀처럼 날아오르지 않는다. 익숙함이 만들어낸 무감각일까. 그러나 가까이 다가가 눈을 들여다보면, 검은 보석 같은 눈동자 속에 여전히 생명의 불꽃이 살아 있다. 오랜 세월에도 품위를 잃지 않은 눈빛. 그것은 도시의 무정함을 묵묵히 견디는 생명만의 강인한 기품이었다.

그런 비둘기가 언제부터 '천덕꾸러기'가 되었을까. 역사의 긴 시간 속에서 비둘기는 결코 하찮은 존재가 아니었다. 고대 이집트에서 비둘기는 신성한 새로 숭배되었다. 신전을 장식한 벽화에는 신의 곁을 맴도는 비둘기의 모습이 새겨져 있다. 메소포타미아의 점토판에는 신의 메시지를 전하는 존재로 기록되기도 했다. 전령의 기능을 맡았던 비둘기는 특히 전쟁의 시대에 빛을 발했다.

1차 세계대전 당시 '셔미 애미'라는 이름의 전령 비둘기는 부러진 날개와 다리로도 임무를 완수해 수많은 병사를 구했다. 총탄에 맞아 피를 흘리면서도 끝내 전달한 메시지는 전투의 향방을 바꾸었고, 그는 살아남은 이들의 가슴 속에서 전쟁 영웅으로 기억되었다. 작은 몸뚱이에 불과했지만, 그 날갯짓은 수많은 생명을 살렸다.

비둘기는 또한 평화의 상징이었다. 성경 속 노아의 방주 이야기에서 올리브 가지를 물고 돌아온 것도 비둘기였다. 그 한 장면은 긴 홍수와 절망 끝에 찾아온 희망의 징표였다. 파블로 피카소의 그림 속 흰 비둘기는 전쟁의 상흔을 넘어선 인류의 평화를 상징했다. 한국에서도 1988년 서울올림픽 개막식에서 수천 마리의 비둘기가 하늘을 수놓으며 '평화와 화합'을 노래했다. 대통령 취임식에서도 비둘기는 새 시대의 도래를 알리는 상징으로 등장했다. 당시 공원 벤치에서 찍힌 가족사진 속 배경에는 늘 비둘기가 있었다. 그것은 도시 생활의 친숙한 한 풍경이자, 사람들의 마음에 새겨진 작은 평화의 기억이었다.

그러나 세월이 흐르면서 비둘기 위상은 추락했다. '닭둘기'라는 조롱이 붙었고, '길거리의 오물'이라는 낙인이 찍혔다. 건물의 창틀과 전선에 둥지를 트고 배설물을 남긴다는 이유였다. 관리인은 건물 처마에 철망을 치고, 공원에서는 비둘기를 포획하는 광경이 벌어졌다. 정부가 비둘기를 '유해 야생동물'로 지정하려 했던 적도 있었고, 신문은 '비둘기 전염병'이라는 자극적인 제목으로 공포를 부추겼다. 광장에서 비둘기를 본 사람들은 발길을 재촉했고, 아이들은 돌멩이를 던지며 어른들은 혀를 찼다. 한때 '평화의 상징'이던 비둘기는 그렇게 '도심의 불청객'으로 전락했다.

하지만 내 기억 속 비둘기는 여전히 다정하다. 언젠가 가을, 부산 용두산공원 언덕길을 오르던 날이 또렷하다. 계단을 오르면, 끝에는 작은 비둘기 집이 있었다. 공원 매점에서 산 모이를 손바닥에 올리자 수십 마리 비둘기가 날아들어 어깨와 팔, 머리 위를 스쳐 지나갔다. 간지럽고 설레는 감촉, 날개가 스칠 때마다 작은 떨림이 온몸에 퍼졌다.

그때 한 노인이 다가와 미소 지으며 말했다. "얘들도 하늘의 생명이란다. 먹이를 나눠주면 우리 마음도 넉넉해지지." 그 목소리는 마치 오래된 시처럼 귓가에 남아 있다. 그때는 그저 즐거웠지만, 세월이 지나 그 말의 깊이를 이해하게 되었다. 하늘의 생명에게 먹이를 나누는 행위는 단순한 호의가 아니라, 인간이 자연과 맺는 조용한 약속이라는 것을.

비둘기를 향한 기억은 그때뿐만이 아니다. 시골 장터에서도, 오래된 역 광장에서도 나는 자주 비둘기를 만났다. 장터의 아이들이 던진 강냉이를 쪼아 먹던 비둘기, 철로 위에서 느릿느릿 걸어 다니던 비둘기, 아침 햇살에 날개를 말리던 비둘기. 그들은 늘 우리 곁에서 일상의 배경이 되어 주었다.

비둘기는 인간이 만든 환경에서 가장 성공적으로 적응한 새다.

콘크리트 빌딩은 그들에게 천연의 절벽이 되었고, 사람들이 흘린 음식물은 풍부한 먹이가 되었다. 그러나 이제 그 터전에서조차 쫓겨나고 있다. 인간이 만든 환경 속에서 살아남은 존재가 다시 인간의 손에 의해 배척당하는 아이러니. 공존의 길은 닫히고, 비둘기는 모순의 경계에서 흔들린다.

나는 문득 생각한다. 우리가 비둘기에게 던진 돌멩이와 냉소는 어쩌면 우리 자신을 향한 것이 아닐까. 문명의 그늘 속에서 살아남은 생명을 외면하는 일은, 결국 인간 자신의 책임을 외면하는 일이 아닐까. 우리가 만든 환경에서 생존한 존재를 밀어내는 일은, 우리 사회의 모순을 그대로 비추는 거울일지도 모른다.

비둘기는 거창한 것을 요구하지 않는다. 그저 햇살 아래 날개를 털고, 길가의 부스러기를 쪼아 먹으며 살아갈 뿐이다. 우리가 그들을 완전히 밀어내지 않고 작은 자리나마 내어준다면, 도시는 오히려 더 따뜻해질지 모른다. 인간이 생태계의 일부임을 깨닫는 순간, 공존의 문은 열릴 것이다.

광장에서 나는 여전히 비둘기를 본다. 사람들은 시선을 돌리지만, 그들은 묵묵히 햇볕을 쬐며 먹이를 찾는다. '평화의 상징'과 '불청객' 사이에서 흔들리면서도, 그 날갯짓에는 옛 품위가 남아 있다. 나는 분수대 가장자리에 앉은 그들을 바라보며, 용두산공원 계단을 오르던 그날의 기억을 떠올린다. 비록 더 이상 모이를 주지 않아도, 마음속에는 여전히 환희의 날갯짓 소리가 들린다.

도시는 변했고, 사람들의 시선도 달라졌다. 그러나 비둘기는 여전히 우리 곁에 있다. 하늘을 나는 평범한 생명으로, 한때의 상징으로, 오늘의 존재로서. 그 존재만으로도 묘한 위로가 된다. 광장에 남은 날갯짓은, 우리가 잊고 지낸 공존의 약속을 다시 일깨워 준다.

직박구리의 노래

톡톡, 창문을 두드리는 소리. 삐이익. 어둠 속에서 직박구리 한 마리가 날아오른다. 이른 새벽, 도시가 아직 잠들어 있는 시간이다. 작은 몸짓, 빠르고 익숙한 날갯짓. 아침에 우는 새는 배가 고파 운다고 했던가. 어쩌면 이 시간에 가장 먼저 움직이는 건, 하루를 살아내야 하는 작은 생명일지도 모른다.

전등을 켜니 책상 위 시계가 여섯 시를 가리킨다. 형광등 불빛만 희미하게 방 안을 채운다. 눈을 감아도 직박구리 울음은 더 이상 들리지 않는다. 한참 뒤, 아내는 베란다 창틀에 매달아 둔 곶감을 먹으려다 그물망에 걸린 직박구리 한 마리를 잡아 왔다. 풋내기 직박구리는 겁에 질려 똥까지 쌌다. 아내는 요리해 먹자고 했지만, 불쌍한 마음에 놓아주었다. “조심해야지. 잘못하면 신세 조진다." 말과 함께 창문을 열어주니, 녀석은 푸르르 날아갔다.

직박구리는 씨앗과 열매를 기가 막히게 잘 찾아낸다. 몇 해 전 일이다. 시내 변두리에 밭뙈기 하나를 장만했다. 첫해는 먼저 땅을 갈고 콩과 팥을 심었다. 며칠 뒤에 가 보았더니 직박구리들이 우르르 몰려와 밭에 심어둔 콩과 팥을 부리로 휘저어 다 골라 먹고 있었다. 결국 그해 밭농사는 망쳐 버렸다.

"씨앗은 한 구멍에 세 개를 심어라."라는 옛말이 맞는 것 같다. 씨앗 하나는 새의 몫, 씨앗 하나는 땅속 벌레들의 몫, 나머지 씨앗 하나는 농부의 몫이라는 말이다. 그러나 마치 자기 것을 가져가듯이 당당하게 남김없이 가져가는 직박구리의 행태를 보면 농부로서 좋아할 수 없다. 이런 일이 사람과 사람 사이에만 있는 게 아니라니 뭔가 씁쓸해진다.

하지만 직박구리에게도 기특히 여길 만한 점도 있다. 화려하지 않다. 공작의 깃털도 없고, 학처럼 고고하지도 않다. 꾀꼬리처럼 청아한 음색도 없고, 뻐꾸기처럼 애잔한 울음도 없다. 대신 직박구리는 나날을 성실히 살아가는 생명이다. 눈에 띄지 않지만, 익숙하고 단단한 존재. 비둘기보다는 작고 흔한 소형 조류 중에서는 제법 체구가 있는 편이다. 갈색 뺨과 다소 헝클어진 머리 깃. 평범한 그 모습이 오히려 정겹다. '삐~ 삐~ 삐익' 짝을 이뤄 다니거나 단독으로 움직이는 일이 많지만, 울음소리는 제법 존재감이 있다. 꾸밈없고 직선적인 그 소리는 어딘지 날카롭고, 분방하다. 때론 아귀가 맞지 않는 듯 불협화음처럼 들리지만, 그래서 더 진솔하다. 쫓으려 하면 민첩하게 날아오르고, 얼마 지나지 않아 다시 돌아온다.

직박구리는 원래 숲과 산자락에 서식하지만, 이젠 도시의 이팝나무, 벚나무, 감나무 아래에서도 쉽게 보인다. 텃밭이나 음식물 쓰레기통보다는, 사람 손이 비교적 닿지 않는 나무 위를 좋아하고, 열매를 따 먹는 일에 능하다.

도시는 생각보다 이들에게 익숙한 공간이 되었다. 요즘 직박구리는 너무 흔해서, 사람들의 관심을 끌거나 보살핌을 받지 못하고 있다. 보호종도 아니다. 하지만 그런 존재가 사라지고 나면 우리는 뒤늦게 그리워하기 마련이다.

가까이 있어서 미처 몰랐던 소중함. 소리 없는 존재감. 삐~ 삐~ 삐익. 직박구리 울음이 다시 스쳐 간다. 잠결에 들은 그 소리는 마치 묻는 듯했다. '너는 어디로 돌아가야 하니?' 수십 년 동안 잊고 있던 소리. 그 한순간, 고향의 논과 흙냄새, 소년 시절이 되살아났다. 나는 조용히 일어나 창문을 열고, 책상에 앉는다. 방 안은 고요하다. 하지만 귀엔 아직도 그 울음이 남아 있다.

감나무에 매달린
불빛 같은 홍시 한 알
쉼표처럼 직박구리가 내린다

허기를 찍는다

찌익- 날카로운 울음은
제 밥그릇 지키는 방패,
마지막 식사를 놓치지 않으려 허공에 던지는 창

공원도 멀리 앞산도
메마른 지 오래,
오늘도 하늘을 몇 바퀴나 돌아
겨우 날개를 내린다

콕, 콕 서산마루의
해를 찍는 직박구리 울음 뒤로
회색 도시의 노을이
홍시처럼 붉다

왕잠자리를 잡다가

한낮의 열기가 아스팔트를 데우던 여름, 고속도로 휴게소에서였다. 귓가에 맴도는 낮고 묵직한 울림에 고개를 돌리니, 커다란 겹눈 두 개가 거울처럼 반짝이는 왕잠자리가 내 주변을 맴돌았다. 앉을 듯 말 듯, 기둥 주위를 선회하는 녀석에게 나는 마음으로 속삭였다. '이 무더위에 잠시 날개라도 쉬어가렴. 난 너의 적이 아니니, 내려앉아도 괜찮아.'

정말로 알아들었는지 잠자리는 기둥 꼭대기 모서리에 살짝 착지했다. 네 장의 날개는 투명한 유리처럼 햇살을 얇게 부수어 바닥에 흩뿌렸다. 사람도 차도 분주히 오가는 가운데, 우리 둘만 정지한 시간의 가운데로 옮겨진 듯 고요가 찾아왔다. 그 짧은 정지의 순간, 오래 묻어두었던 여름날의 기억이 불현듯 떠올랐다.

초등학교를 국민학교라 부르던 시절, 여름 방학 숙제로 곤충 채집을 하러 다니던 때였다. 돌담을 따라 걷다 고요한 보림사 옆 석류나무 그늘에 쉬고 있는 황줄왕잠자리 한 마리를 발견했다. 쨍한 햇살 아래, 녀석의 네 장 날개는 투명한 유리처럼 빛났고, 그 모습에 나는 홀린 듯 숨을 죽였다.

여느 때처럼 나는 조심스럽게, 거의 까치발로 녀석에게 다가갔다. 심장이 두근거렸다. 한 손바닥만큼의 거리가 남았을 때, 나는 망설임 없이 손을 뻗었다. 그리고 녀석의 단단한 턱이 내 집게 손가락을 와락 물고 놓아주지 않았을 때, 예상치 못한 통증이 덮쳐왔다.

나는 비명을 삼키며 날개를 붙들고 손을 흔들며 억지로 녀석을 떼어내려 했다. 하지만 녀석은 작은 몸으로 필사적으로 매달렸다. 내 손에서 떨어지지 않으려 버티는 그 작은 몸뚱이의 진동이 손끝으로 생생하게 전해졌다. 나는 결국 더 큰 힘을 주었고, 녀석은 목이 툭 하고 떨어져 나간 뒤에야 비로소 손가락에서 떨어져 나갔다. 붉게 찍힌 손가락 위에서 녀석의 몸은 한동안 덜컥거리다 조용해졌다.

생사의 갈림길에서 녀석은 본능의 마지막 발악으로 내 살을 물었고, 나는 그 절명의 감각을 오래도록 손가락에서 지우지 못했다. 그제야 깨달았다. '사불여차(事不如此)', 일이 뜻대로 되지 않을 때 억지를 부리면 결국 비극을 초래한다는 것을. 나는 그저 나의 소유욕을 채우기 위해 무참한 살생을 저지른 셈이었다.

그날의 늦은 자아 성찰은 내게 깊은 상처와 교훈을 남겼다. 석류나무 아래에서 벌어진 잠자리의 무고한 죽음은, 내 고집스러운 성질을 돌아보게 한 첫 번째 계기였다. 그 후로 나는 누군가와 다투거나 언쟁할 때, 말의 끝을 끝까지 밀어붙이지 않고 한발 물러서는 법을 배웠다.

외할머니 댁에 가면 나는 새벽에 눈을 떴다. 탱자나무 울타리마다 이슬이 구슬처럼 맺혀 있었고, 잠자리들은 무거운 날개로 늦잠을 자고 있었다. 그걸 본 나는 살금살금 다가가 조심스레 날개를 집어 들고, 떨리는 호흡을 맞추며 한 마리씩 포획했다. 잡은 잠자리를 발목에 실로 묶어 빙글빙글 돌리며 놀았다. 지금 생각하면 잔혹한 놀이였다. 그때의 나는 포식자도 천적도 아닌, 그저 장난기 어린 꼬마에 불과했다.

수컷 왕잠자리가 거미줄에 얽혀 허우적대는 걸 본 적이 있다. 조심스레 손으로 감싸 잡고, 깨진 날개의 무늬 사이로 달라붙은 실들을 한 가닥씩 떼어냈다. 잠자리는 몸을 떨었다. 거미줄이 마지막 한 줄 남았을 때, 나는 잠시 멈춰 섰다. 내 검지를 물던 그날의 기억이 스쳤다. 이번엔 아주 가볍게 실을 벗겼다. 손을 펴자, 잠자리는 내 손등을 한번 밟고 가볍게 날아갔다. 기이하게도 그 작은 발자국이 뜨겁게 느껴졌다. '구원'이라는 말이, 비로소 내 입에서 미끄러져 나왔다. 포식자였던 나에서, 잠시나마 구원자가 된 기분. 오래전 석류나무 아래에서 느꼈던 낭패감과 오늘의 작은 안도는, 같은 여름의 책갈피 사이에 끼워졌다.

연못가에서 본 이상한 장면이 있다. 암컷 별박이왕잠자리가 갑자기 곤두박질치듯 떨어져 땅바닥에 붙어 움직이지 않았다. 곧 수컷이 지나가자, 암컷은 다시 날아올랐다. 죽은 척하는 거절. 자신의 시간을 지키기 위한 마지막 기술이었다. 나는 그 장면에서 인간의 경계를 떠올렸다. 상대의 욕망이 나의 욕망을 압도할 때, 우리는 어떻게 거절해야 하는가. 나는 어릴 적 석류나무 아래에서 그 기술을 배우지 못하고, 나의 완강함을 잠자리의 목숨과 바꾸는 실수를 했다.

그 후로 나는 서툰 마음의 브레이크를 달았다. 말의 속도가 빨라질 때, 숨을 한 번 더 쉬고, 멈출 수 있는 근육을 키웠다. 생의 많은 장면에서 "지금 이 정도면 충분하다."라고 중얼거리는 습관은, 어쩌면 별박이왕잠자리의 낙하에서 비롯된 것일지도 모른다.

우리의 인생 역시 쉼 없이 날아다니는 잠자리와 같다. 우리는 살기 위해 태어난 것이 아니라, 태어났으니 살아야 한다는 목적의식에 사로잡혀 몸에 맞지 않는 옷을 입고 불편함을 감내하며 버텨왔다. 언젠가 병실에서 전전긍긍하던 밤, 나는 유난히 연못을 떠올렸다. 허공의 비행보다 물속의 시간을 더 오래 견디는 생. 오래 버틴 후에야 비로소 얻는 짧은 자유. 우리는 언제부터 그 짧은 자유마저 아껴 쓰지 못하게 되었을까. 자유는 늘 미뤄졌다. 다음 달로, 다음 해로, 언젠가의 언젠가로.

휴게소의 잠자리를 마주한 그날, 나는 처음으로 마음속에 제안했다. 오늘 이만큼의 비행이면 충분하다고. 내 안의 날개를 잠시 접어도 괜찮다고. 잠자리가 기둥 끝에서 미동도 하지 않던 모습이, 한동안 눈에 남았다. 그것은 수행의 침묵이 아닌, 이룬 자의 침묵, 비행 사이의 숨, 다음 선회를 위한 준비였다.

손이 닿는 자연물 중 가장 멋지고 탐나던 왕잠자리들. 오래도록 나는 모든 큰 잠자리를 '왕잠자리'라 불렀다. 이름은 종종 불분명했지만, 기억은 분명했다. 어린 날의 왕들은 커서 다시 만난 연못에서 각자의 진짜 이름을 드러냈다. 왕잠자리, 산잠자리, 황줄왕잠자리, 먹줄왕잠자리, 긴무늬왕잠자리, 별박이왕잠자리, 참별박이잠자리, 애별박이왕잠자리, 잘록허리왕잠자리…. 그러나 나는 여전히 그들을 통칭해 왕이라 부른다. 그 이름 속에는 어린 시절의 흥분과 부끄러움, 배움과 후회가 함께 씻겨 내려오기 때문이다.

어떤 글에서 빨랫줄에 걸린 두 장의 면바지를 '잠자리 날개'라 불렀다는 대목을 읽었다. 보송보송 마른 옷자락이 펄럭이며 날지 못하던 젖은 청춘의 상징으로 바뀌는 순간, 옷이 날개라는 상투적인 말이 잠시 진실이 되었다. 세상은 때로 우리의 날개가 너무 반짝이는 것을 불편해한다. 우리가 반짝임을 두려워하지 않으려면, 먼저 반짝임을 지켜줄 그늘을 배워야 한다.

노을이 물위에 가라앉을 때, 연못 가장자리의 수생식물 잎맥 사이로 암컷이 배 끝을 톡톡 찍어 알을 심는다. 물속에서 유충이 새우처럼 빠르게 미끄러지는 모습을 떠올리면, 삶은 늘 겹으로 진행된다는 것을 안다. 하늘의 순찰과 물속의 숨, 비행과 산란, 사냥과 피난, 탄생과 허물.

이제야 나는 이 장면들을 이해의 언어로 옮겨본다. 나 또한 내 삶의 수생식물을 찾아 배 끝을 톡톡 찍어두어야 했다. 더 늦지 않게, 덜 소란스럽게, 더 분명하게.

차로 돌아가기 전, 기둥 위의 왕잠자리를 다시 올려다보았다. 잠시 후 녀석은 날아올라 내 머리 위로 한 번 원을 그리더니, 가볍게 개울가 쪽으로 흘러갔다. 날개가 반짝일 때마다 내 마음의 비늘도 바뀌었다. 포획하고 싶지 않았다. 이름을 확인하려고 가까이 가고 싶지도 않았다. 다만 그 존재를, 그 움직임을, 그 거리 그대로 어루만지고 싶었다. 어린 날의 나는 포식자였다. 오늘의 나는 잠시 구원자였다. 내일의 나는 그저 관찰자이길 바란다. 관찰자의 마음으로 세계를 건드리지 않고도 사랑하는 법을 배워야 한다.

나는 더 천천히 걷고 더 많이 멈추려 한다. 연못의 물빛을 오래 바라보고, 갈대의 그림자에 앉아 날개 마르는 시간을 함께 기다리려 한다. 손에 잡는 대신 눈에 담고, 주머니에 넣는 대신 마음에 묶으려 한다. 아이들과 연못에 가게 된다면, 나는 실을 꺼내지 않을 것이다. 대신 가만히 앉아 물위로 그림자를 떨어뜨리지 않는 법을 가르칠 것이다. 한 생의 어두운 물속 시절을 어루만지는 일이 얼마나 큰 예의인지, 비행의 짧은 환희가 무엇으로 이루어지는지 이야기할 것이다. 그리고 언젠가 또다시 왕잠자리가 내 손등을 밟고 지나간다면, 그 발자국이 다시 뜨겁게 느껴지기를. 나의 여름이 그 발자국을 따라 천천히 건너가기를.

회색 도시, 노란 날개

아침 출근길, 늘 그렇듯 무심히 걷던 인도의 한 모퉁이에서 노란 물체가 내 시선을 붙잡았다. 회색 바닥 위에서 나풀거리며 날아다니는 작은 생명체, 그것은 나비였다. 아파트 단지와 빌딩 숲이 끝없이 이어지는 이곳에서, 어쩌다 길을 잘못 들어선 듯 보이는 그 나비는 잠깐 내 발걸음을 붙들어 두었다. 꽃잎 한 장 보이지 않는 곳, 흙냄새조차 사라진 공간에서 만난 그 가벼운 존재는 이 도시의 풍경과 도무지 어울리지 않았다. 그러나 역설적으로, 그 순간만큼은 오히려 도시가 잘못 와 있는 듯 보였다.

나비는 머뭇거리듯 공기 위를 흔들리며 날았다. 높이 날아오르지도 못하고, 바람에 휘청거리며 간신히 균형을 잡는 모습은 어쩐지 위태로웠다. 사람들의 발걸음은 바빴고, 자동차의 굉음은 끊임없이 몰아쳤다. 그 모든 소음과 무게 속에서, 나비의 날갯짓은 너무도 가벼워 보였다. 나는 그 가벼움 속에서 묘한 슬픔을 느꼈다. 잠시 머물다 곧 사라질 존재의 숙명을 알고 있어서일까, 아니면 그 연약한 생명이 결국 도시의 무심한 공기에 삼켜지고 말 것 같은 예감 때문일까.

어릴 적 시골에서 뛰놀던 기억이 떠올랐다. 들판에는 노랑나비와 흰나비가 무리 지어 날아다녔다. 동무들과 함께 그들을 쫓으며 웃음을 터뜨리던 여름날의 햇살이 아직도 눈부시다. 나비망에 갇힌 나비를 꺼내던 순간, 어머니께서 하시던 말씀이 생각난다. "날개를 만지면 가루가 묻어 나와서 다시는 날지 못한단다." 그 말은 어린 마음에 오래 남았다. 나비의 날개는 그저 가볍고 아름다운 것이 아니라, 존재 그 자체를 지탱하는 전부였다. 그때 나는 비로소 알았다. 아름다움이란 종종 가장 연약한 형태로 존재한다는 것을.

그러나 도시에서 마주한 나비는 시골의 그것과는 달랐다. 꽃밭을 누비며 자유롭게 흩날리던 모습이 아니라, 길을 잃은 듯 허공을 배회하는 작은 그림자였다. 잠시 아파트 화단의 분꽃 위에 내려앉았다가, 금세 다시 일어나 자동차 바람에 휩쓸리듯 떠내려갔다. 마치 자기 자리를 찾지 못한 채, 끊임없이 흔들리는 망명자 같았다. 그 모습에서 나는 문득 나 자신을 보았다. 이 도시에서 나 또한 나비처럼 방향을 잃고 헤매는 것은 아닐까.

나비는 오래 머물지 않았다. 사람들의 무관심 속에서, 또 수많은 위험의 틈바구니에서, 그저 잠시 날아오르고 잠시 앉았다가 다시 사라졌다. 하지만 이상하게도, 그 짧은 만남은 내 마음속에 깊이 남았다. 어쩌면 그것은 나비가 남기고 간 흔적이 아니라, 내가 스스로 발견한 결핍의 자리였는지도 모른다. 삭막한 도시의 풍경 속에서 불현듯 만난 생명의 흔들림은, 내 안의 무거움을 드러내는 거울이 되었다.

나는 문득 장자의 이야기를 떠올렸다. 꿈속에서 나비가 된 장자는 깨어나 자신이 나비인지 사람인지 알지 못했다고 한다. 그 이야기는 늘 철학의 미궁 같았지만, 오늘 도심 한복판에서 나비를 바라보며 나는 조금은 이해할 수 있을 것 같았다. 존재란 무엇인가. 우리는 우리가 사람이라고 믿고 살아가지만, 사실은 바람 앞에 흔들리는 나비와 다르지 않은지도 모른다. 가벼움과 무거움의 경계는 생각보다 희미하다.

나비를 따라가며 걷다 보니, 출근길의 분주함도 잠시 잊혔다. 사람들이 모르는 사이, 나는 작은 날갯짓 속에서 삶의 무게를 덜어내고 있었다. 나비는 스스로 연약함을 감추지 않았다. 오히려 그것은 흡사 나 자신을 향한 위로 같기도 했다. 그는 도시의 시멘트 숲 속에서도 잠시나마 꽃을 찾아내고, 그 위에 내려앉아 고요를 선물했다. 그리고 다시 흩날리듯 사라졌다. 아무것도 남기지 않았지만, 그것으로 충분했다.

삶이란 어쩌면 그렇게 흩날리는 것일지도 모른다. 우리는 무언가를 소유하려 애쓰고, 발자취를 남기려 몸부림치지만, 정작 가장 깊은 울림은 흔적 없는 순간에서 비롯된다. 나비의 짧은 방문처럼, 스쳐 지나간 인연이나 잊힌 풍경이 때로는 가장 오래 남는다. 오늘 내가 만난 도시의 나비도 그럴 것이다. 그는 내 기억 속에 오래도록 날아다니며, 회색 도시를 잠시라도 환히 밝혀줄 것이다.

도시의 나비는 어쩌면 잘못 온 손님일지 모른다. 그러나 그 손님은 우리에게 중요한 것을 일깨운다. 무겁게만 살아가는 우리에게, 삶의 또 다른 방식 '가볍게 흩날리며 순간을 살 수 있는 지혜'를 보여준다. 그의 날갯짓은 짧고 연약했지만, 그 안에는 인간이 평생 찾아 헤매는 자유의 본질이 담겨 있었다.

나는 오늘도 도시 속에서 나비를 기다린다. 다시 만날 수 있을지 알 수 없지만, 언젠가 또 불현듯 나타나 내 발걸음을 붙잡을 것이다. 그때 나는 또다시 멈추어 서서, 가벼움의 의미를 되새길 것이다. 삶이란 무겁게 움켜쥐는 일이 아니라, 잠시라도 날아오르는 일이라는 것을.

5부

그때는 그랬지

그리움이란 이름의 정원

그리움이란 무엇일까? 단순히 지나간 시간에 대한 한숨이나 아쉬움이라고 정의 내리기엔 너무나 깊고 복잡한 감정인 것 같다. 나는 가끔 이런 질문을 스스로에게 던져 본다. 그리움은 왜 생기는 걸까? 어떤 형태로 우리 곁에 머무르는 걸까?

그리움은 마치 오랜 세월을 견디며 자라난 고목과도 같다. 깊이 뿌리를 내린 채 끈질기게 생명력을 이어가는 나무처럼, 연약하지만 강인한 존재다. 그리움 역시 마음속 깊은 곳에 자리 잡아 오래 잊혔던 기억을 살려내고, 때로는 잊고 있던 아름다움의 조각들을 선사한다.

어린 시절, 흙먼지 가득한 좁은 마당에서 해 질 녘까지 뛰놀던 시간, 낡은 툇마루에 옹기종기 모여 앉아 어머니가 쪄 주시던 뜨끈한 감자를 호호 불며 먹던 순간들은 아직도 생생하다. 형제들과 함께 거들었던 밭일 뒤의 뿌듯함, 부모님 몰래 맛본 새참의 막걸리 한 모금, 해 질 무렵 개울가에 돌멩이로 물수제비를 뜨던 소리와 웃음, 골목을 누비던 술래잡기와 친구들과의 장난. 이 모든 기억을 떠올리면 마음 한구석이 따뜻해진다.

바람 부는 겨울날, 연을 날리며 실이 끊어져 아쉬움과 설렘이 교차했던 순간들, 여름밤 별빛 아래 평상에 앉아 소원을 빌던 작은 약속들. 이 모든 기억은 '그리움'이라는 이름으로 마음속에 고이 남아 있다. 특히 그리움을 일깨우는 것은, 어릴 적 배를 채우던 소박한 음식과 정겨운 풍경들이다. 늦은 저녁, 부엌에 퍼지던 달콤한 시루떡 냄새, 갓 지은 밥에 쓱쓱 비벼 먹던 깊은 장 맛, 그리고 어머니 손맛 가득한 열무김치, 물김치, 콩나물무침, 애호박무침, 깻잎, 호박잎, 콩잎에 된장찌개, 청국장찌개까지. 겨울마다 처마 아래와 온돌방을 오가며 피어난 하얀 곰팡이와 푸른 곰팡이, 콩으로 메주를 쑤던 이야기, 따뜻한 아랫목과 포근한 목화솜 이불, 그 속에서 동생들과 책 읽고 노래 부르던 시간들. 그리고 화로에 구워 먹던 군고구마가 얼마나 달콤했던지.

새벽같이 일어나 아침밥을 지어 놓고 일을 나가시던 어머니의 모습은 아직도 눈앞에 선하다. 여름날 저녁, 마당에 펴놓은 멍석자리에 앉아 모깃불 냄새를 맡으며 옥수수를 먹던 때가 그립다. 칠석날 밤에 은하수를 바라보며 견우성과 직녀성을 찾아보던 일까지. 그 모든 꾸밈없고 실감 나는 순간들은 지금도 마음 한구석에 여운처럼 남아 있다.

마치 오랜 친구와의 재회처럼, 그리움은 지나간 날들을 소환하여 우리에게 깊은 위로와 희망을 선사한다. 과거의 조각들을 따뜻한 빛으로 다시 비추며 위로와 희망을 건네준다. 그리움은 단순히 과거에만 머물러 있지 않고 어딘가로 훌쩍 떠나고 싶은 갈망, 낯선 풍경을 향한 설렘의 불씨처럼 익숙함을 벗어나 새로운 길 위에 발을 내딛고자 하는 꿈이 된다. 마치 기적을 소망하는 마음, 삶에서 일어날 수 있는 놀라운 일들을 기대하는 순수한 동경처럼 그리움은 우리를 미지의 세계로 이끄는 강한 힘이다.

그리움이 안내하는 미지의 여정은 비록 예측 불가능할지라도, 우리에게 삶의 활력과 더 큰 꿈을 향해 나아갈 소중한 원동력이 되어준다. 마치 구속받지 않는 새가 하늘을 자유로이 유영하듯, 그리움은 현실의 제약을 넘어 영혼을 더 높은 곳으로 이끌어준다. 현실의 벽에 부딪혀 답답할 때조차, 그리움은 우리를 그 너머로 데려가 진정한 자유와 해방감을 느끼게 한다.

더 나아가, 그리움은 단순한 감정을 넘어 생존의 도구로서도 빛난다. 각박하고 외로운 시대를 살아가는 우리에게, 그리움은 든든한 버팀목이자 마음의 양식이 되어준다. 점점 더 개인화되어 가는 세상 속에서 그리움은 외로운 존재들이 서로를 향해 손 내밀 수 있게 하는 유일한 끈이 된다. 고통스러운 순간에도 그리움을 간직

할 수 있다는 것은 우리가 삶을 포기하지 않고 앞으로 나아갈 수 있는 희망의 증거이다. 그리움은 마치 보이지 않는 끈, 우리를 하나로 이어주는 연결고리이며 사랑의 화학반응처럼 서로를 끌어당기는 강한 힘이기도 하다.

이렇듯 그리움은 과거와 현재, 미래를 두루 아우르며 우리 삶을 더 풍성하게 만든다. 때로는 조용한 정원 속 식물처럼 내면 깊숙이 뿌리를 내리고, 때로는 미지의 세계를 향한 붉은 열망처럼 활활 타오른다. 무엇보다 그리움은 허기지고 외로운 인간의 본질적인 조건 속에서 우리를 깨어있게 하고, 사랑하게 하며, 끝없는 꿈을 꾸게 하는 강력한 힘이다. 이 소중한 그리움을 녹슬지 않게 가꾸며, 오늘도 내일도 한동안 그리움을 품고 살아가는 건 어떨까? 어쩌면 바로 그 마음이 내 존재를 더욱 깊게 하고, 삶을 더욱 빛나게 만들어줄는지도 모르겠다.

내 고향, 관동마을

나이 들수록 고향은 마치 마르지 않는 샘물처럼 가슴 깊은 곳에서 솟아오른다. '수구초심(首丘初心)'이란 말처럼, 오래전 떠나온 전라북도 정읍시 북면 보림리 관동마을은 이제 내 삶의 뿌리이자 영혼의 안식처가 되었다. 마을에서 한 십 리 남짓 떨어진 보성초등학교까지 이어진 길은 어린 나의 우주가 펼쳐진 공간이었다. 봄이면 진달래가 만개한 고갯길을 넘었고, 가을에는 벼 이삭이 황금빛으로 물든 들판을 가로질렀다. 그 길 위에서 나는 자연과 함께 호흡했다.

개울가에서 게와 가재를 잡으며 해가 지는 줄 모르고 놀던 날들. 손가락 사이로 미끄러지는 차가운 물의 감촉, 물속에서 반짝이던 돌멩이의 빛깔까지 생생하다. 여름이면 냇물에 뛰어들어 허리까지 차오른 물속에서 친구들과 물싸움을 벌였고, 젖은 옷을 입은 채 집으로 달려가면 어머니는 "물귀신한테 붙잡힐라!" 하시며 웃으셨다. 폭우가 내린 다음 날, 네 개의 징검다리가 잠겨 아버지의 손에 매달리거나 등에 업혀 건너던 기억은 지금도 선명하다. 그때마다 아버지의 넓은 등이 얼마나 든든했는지 모른다. 비 오는 밤 사랑채 창문을 두드리는 빗소리는 적막함을 가르며 어린 내게 위로가 되곤 했다. 그 소리는 마치 "괜찮다, 괜찮다." 하며 등을 토닥여주는 것 같았다.

맑고 투명한 개울물과 나직한 산들이 어우러진 고향의 풍경은 내 감성의 화폭이 되었다. 개울가 돌 틈 사이로 숨은 물고기들을 발견할 때의 설렘, 밤하늘을 수놓은 별빛 아래서 또래 동무들과 나눈 웃음소리, 골목길을 달리며 느꼈던 바람의 촉감은 세월이 흘러도 퇴색되지 않는다. 특히 앞동산은 동갑내기 친구들과의 소꿉놀이 천국이었다. 우리는 솔방울로 밥을 짓고, 풀잎으로 반찬을 만들며 작은 왕국을 세웠다. 때로는 개울에서 잡은 물고기를 구워 먹으며 "그래, 바로 이 맛이야!"라며 깔깔댔고, 해가 지면 동산 꼭대기에 올라 저무는 해를 바라보며 "내일은 더 멋진 놀이를 하자!" 다짐하곤 했다. 그곳은 세상의 시름을 잊게 해주는 신비한 공간이었으며, 내 순수를 지켜준 영원한 스승이었다.

계절마다 다른 얼굴로 다가오는 고향의 모습도 잊을 수 없다. 봄에는 진달래와 철쭉이 앞산 뒷산을 물들이고, 여름에는 개울가

버드나무가 시원한 그늘을 드리웠다. 가을이면 벼가 익어가는 들판에서 메뚜기를 잡았고 겨울에는 눈 덮인 동산을 미끄럼틀로 삼아 뒹굴었다. 어느 해 겨울, 폭설이 내려 집에서 꼼짝 않고 있을 때는 온 가족이 큰방에 모여 화롯불을 피우고 고구마를 구워 먹으며 옛날이야기를 들었다. 외할머니의 구수한 입담 속에 호랑이가 담배 피우던 시절 이야기가 펼쳐지면, 추위도 배고픔도 잊고 그 이야기에 빠져들었다.

그러나 시간은 고향마저 바꿔 놓았다. 어린 시절의 보금자리였던 고향집은 이제 허물어져 가고 있다. 흙벽은 앙상하게 드러나고, 튼튼했던 나무 기둥마저 삭아가며 지붕에선 빗물이 샜다. 사랑채와 안채의 문창살은 부서졌고, 멍석 · 삼태기 · 고무래 · 지게 같은 추억의 도구들은 온데간데없이 사라졌다. 모처럼 찾은 폐허의 집안에서 홀로 울려 퍼지는 바람 소리가 쓸쓸함을 더했지만, 벽돌 하나하나마다 배어 있는 가족의 온기는 여전히 내 심장을 덥혔다. 부엌 아궁이에선 여전히 어머니의 된장찌개 냄새가 나는 듯했고, 마루 끝에 앉아 바라보던 아버지의 뒷모습이 눈에 선했다.

형제자매들이 도시로 떠난 뒤로는 명절에나 잠시 들를 뿐이다. 하지만 매년 추석이면 고향집으로 온 가족이 모여든다. 과일, 송편, 완자 등을 준비하고 차례를 지낸 다음 성묘를 가는 것은 다른 무엇보다 큰 즐거움이다. 그때마다 고향집 마당은 다시 활기를 띤다. 어린 손주들은 앞마당과 텃밭에서 잠자리를 쫓고, 나는 “이놈

들! 밭에서 함부로 뛰어다니면 안 된다!" 하면서도 손주들의 재롱에 미소를 감추지 못한다. 그 순간만큼은 폐허가 된 집이 아닌, 살아 숨 쉬는 가족의 요람으로 돌아간다.

이제 나는 도시의 빌딩 숲 사이에서 고향을 그리워한다. 출근길 지하철 안에서 문득 개울물의 청량함이 떠오르고, 커피잔을 들다가도 고향집 장독대에서 맡았던 된장 냄새가 코끝을 스친다. 비 오는 날 창밖을 바라보면 사랑채 처마 끝에서 떨어지던 낙숫물 소리가 귓가에 맴돈다. 가끔은 고향 친구들과 영상 통화를 하며 "우리 그때 그 동산에 다시 가볼까?" 묻지만, 바쁜 일상에 밀려 실현되지 못한 꿈이 되었다.

하지만 그리움은 결코 사라지지 않는다. 오히려 시간이 지날수록 고향은 내 안에서 더욱 선명해진다. 그것은 단순한 공간이 아니라 내 정체성의 뿌리이기 때문이다. 고향의 흙냄새, 별빛, 사람들의 사투리까지 모든 것이 나를 이루는 조각들이다. 은퇴 후 시골살이를 꿈꾸며 고향 마을에 작은 집 한 채를 마련해 놓았다. 그 집 마당 옆에는 서재나 놀이방 등으로 활용할 수 있는 다목적실이라도 지어 정착하고 싶다. 그곳에서 아침마다 개울가를 산책하고, 손주들에게 "옛날엔 여기서…."로 시작하는 이야기를 들려주며 유년 시절의 빛을 전해주고 싶다.

고향은 나에게 시간을 초월한 교향곡이다. 개울물의 졸졸거림, 솔잎 사이로 스며드는 햇살, 할머니의 손맛이 밴 된장찌개의 향기까지 모든 것이 하나의 선율로 어우러진다. 비록 몸은 멀리 떨어져 있어도, 문득 길을 걷다가 마주치는 시골길의 흙냄새에서, 빗방울이 낙숫물로 떨어지는 소음에서 고향은 나를 부른다. 그 부름에 답할 때마다 나는 깨닫는다. 고향은 물리적인 장소가 아니라 마음속에 새겨진 시간의 지도임을.

사람마다 자신만의 고향이 있을 것이다. 그것이 시골 마을이든, 도시의 골목길이든, 혹은 상상 속의 공간이든 간에. 우리는 모두 어딘가로 돌아가길 꿈꾸는 존재들이다. 나는 오늘도 도시의 창가에 앉아 고향의 별빛을 헤아린다.

어머니의 강

꿈에 어머니가 나타났다. 아주 잠깐이었지만, 어머니의 모습은 선명히 내 가슴에 남았다. 고생만 하신 얼굴엔 세월의 흔적이 고스란히 새겨져 있었다. 어머니는 왜 꿈에 나타나셨을까? 혹시 내게 무언가 전하고 싶은 말씀이 있었던 걸까? 어머니의 눈빛이 자꾸만 떠올랐다.

어머니는 참 부지런한 분이었다. 열이 넘는 자식들을 키우며, 농사일과 가축 돌보는 일, 집안일까지 모두 도맡으셨다. 전기조차 들어오지 않던 시골 마을에서, 어머니는 매일 새벽 일어나 밥을 짓고, 남새밭을 가꾸며, 누에를 치고, 모시와 면화를 길쌈하느라 하루하루를 바쁘게 사셨다. 어려운 형편 속에서도 어머니는 언제나 가족을 위해 최선을 다하셨다. 잡곡밥과 나물밥으로도 온 식구가 배불리 먹을 수 있도록 정성을 쏟으셨고, 명절이나 생일 같은 특별한 날에는 직접 짠 옷감으로 새 옷을 지어주셨다. 어머니의 강단 있고 성실한 모습은 우리 가족의 든든한 버팀목이 되었다.

나는 맏아들로서 어린 시절부터 어머니 곁에서 자연스럽게 일을 도왔다. 네댓 살 무렵부터 풀을 뽑았고, 여덟 살부터는 학교에서 돌아오자마자 아궁이에 불을 지피거나 돼지에게 먹일 꼴을 베러 다녔다. 바쁜 농사철에는 어머니와 함께 밭일을 하며 많은 것을 배웠다. 어머니는 목소리가 또렷하고 상냥하셨으며, 성품이 온화하셔서 우리 형제자매를 다그치거나 때린 적이 없으셨다. 오히려 자신보다 더 가난한 이웃들을 돌보며 배려하시는 모습은 내 마음속에 깊은 인상으로 남아 있다.

어머니의 가장 큰 특징은 한평생 일을 손에서 놓지 않으셨다는 점이다. 아버지께서 돌아가실 때까지 자식들을 돌보셨던 것처럼, 어머니 역시 가족들 뒷바라지를 하시며 일생을 헌신하셨다. 그렇게 부지런히 살아오신 어머니의 삶은 마치 거대한 시간의 흐름 속에서도 굳건히 자리를 지킨 강물 같았다.

"어머니는 살아서는 서 푼이요, 죽어서는 만 냥"이라는 속담이 있다. 젊은 시절, 철모르는 자식들은 구멍 난 양말을 신고, 허름한 옷을 입으시며 찬밥도 달게 드시던 어머니의 모습을 보며 그 사랑의 깊이를 제대로 헤아리지 못했다. 하지만 내 나이 고희 줄에 이르러 돌이켜보니, 그 서 푼처럼 초라해 보였던 겉모습 속에는 만

냥에도 비할 수 없는 무한한 사랑과 희생이 담겨 있었음을 이제야 깨달았다. 어머니의 사랑이 얼마나 크고 숭고했는지 뒤늦게 깨달을 때면, 부모님은 이미 이 땅을 떠나셨으니, 그 은혜를 갚을 길이 없어 그저 후회만 가득하다.

얼마 전, 오랜 친구가 보내준 어버이날 시가 떠오른다. “시골집 툇마루에 비치는 따뜻한 어머니의 그림자가 그립다”, “옛집 어머니 밥 짓는 아궁이 온기가 아직도 피어오른다”라는 구절은 마치 내 마음을 대변하는 듯했다. 아궁이의 매콤한 불 냄새가 헛눈물이 되어 흐르듯, 어머니와의 추억은 이제 눈물이 되어 흐른다. 어머니의 거친 손, 광대무변한 우주 속에 나를 낳고 한 줄기 빛으로 밝은 웃음을 길러주신 그 크고 아름다운 이름. 어머니! 이 한마디보다 더 큰 위안은 이 세상에 없다. 어머니의 시간은 나의 삶 속에 영원히 살아 숨 쉬는 그리움이자, 끝없는 사랑의 흔적으로 남아 있다.

아버지의 손

저무는 노을이 붉게 번지는 가을 저녁, 아버지와의 추억들이 파노라마처럼 스쳐 지나간다. 내 삶의 가장 든든한 닻이자, 세상 어느 것보다 따스한 보자기 같았던 아버지. 그 손길과 가르침은 내 마음 깊은 곳에 지워지지 않는 흔적처럼 새겨져 있다.

지게를 짊어지기엔 작은 체구로도 힘겹게 아버지는 평생 흙으로 시를 쓰던 분이었다. 넉넉한 가정에서 태어나 어릴 때부터 독선생으로부터 배운 사서삼경은 잊혔지만, 삽과 괭이로 땅을 어루만지며 자연의 리듬을 노래했다. 광복 이후 토지개혁으로 살림이 기울자, 억척같이 논과 밭을 지켜내셨다. 새벽이슬에 젖은 옷깃이 해 질 무렵엔 땀으로 검게 물들어도, 자식이 공부한다고 하면 끝내 일을 맡기지 않으셨다. 당신의 땀보다 자식의 내일을 더 귀하게 여기신 마음이었다.

귓속에서 울리는 이명처럼 아버지의 청력은 평생 흐릿했다. 내가 입을 열 때마다 허리를 펴고 눈을 가늘게 뜨며 입 모양을 읽었다. 지금 같으면 수술이나 보청기로 도울 수 있었을 텐데, 그 시절 몰라서 더 안타깝다. 지금처럼 다시 말을 건넬 수만 있다면, 지난날 못다 한 사랑한다는 말을 아버지 귀에 대고 속삭이고 싶다.

아버지는 깊은 지혜를 지니셨다. 6 · 25 전쟁 즈음 빨치산에게 끌려가 죽음의 고비를 넘기셨을 때, 누가 모함했는지 여쭈었지만 묵묵히 고개만 저으셨다. "물려줄 것도 없는데 원수 갚는 일을 자식에게 물려주겠느냐." 하시며 끝내 밝히지 않으셨다. 아버지의 손바닥 주름 사이로 스며든 세월의 흔적이 내게 속삭였다. 용서는 패배가 아니라 가장 강한 복수라고, 대립보다 화해가 더 무겁다는 진리를 일깨워 주었다.

아버지는 누룩을 띄워 직접 술을 빚으셨다. 누룩 향이 마당을 맴돌 때면 나는 몰래 항아리 속 술을 맛보곤 했다. 호기심에 한 국자 떠 마시다 들킬까 두근거리던 어린 날의 장난은 지금도 미소를 부른다. 취기에 붉어진 얼굴로 "이놈!" 소리치던 아버지의 눈빛은 사실은 웃음을 참는 것이었다. 술잔에 비친 얼굴은 고단한 인생의 주름을 잠시 펴주는 거울 같았다. 과음하실 때면 억눌린 고단함이 술기운을 타고 흘러나왔지만, 그마저도 인간적인 위로처럼 느껴졌다.

마루 끝에 앉은 아버지는 종종 잠언을 읊조렸다. “사람의 마음은 약한 자 편에 있다.”라던 말은 이웃과의 다툼에서 내 칼날을 무디게 했고, ‘백척간두진일보(百尺竿頭進一步)’라 하시며 벼랑 끝에서도 한 걸음 더 나아가야 한다던 가르침은 훗날 우리 집의 가훈이 되었고, 내 혈관 속을 흐르는 피로 변해 매일의 선택을 이끄는 나침반이 되어주었다.

어린 시절 아버지와 함께 논물을 대던 기억은 흑백 사진처럼 선명하다. 논에 물을 대며 두레박질을 돕던 일. 햇볕에 말린 콩대를 도리깨로 두드리며 얻은 구수한 콩 맛. 모내기 철, 쓰러진 모를 다시 세워 주시던 모습은 땀방울 속에 빛나던 사랑이었다. 아버지의 사랑은 그렇게 땀방울 속에 빛나고 있었다.

세월이 흘러도 아버지의 손길은 잊히지 않는다. 서른 중반에 얻은 아들이 귀하셨는지, 정읍 오일장이 서는 날이면 내 손을 꼭 잡고 걸으시곤 했다. 내 손보다 몇 배는 크고 단단했던 그 손은 세상 어떤 보자기보다도 포근하고 안전했다. 북적이는 오거리 속에서도 아버지의 손이 만든 보호막 안에서 나는 든든하고 당당했다. 아버지의 손바닥은 내 유년의 불안을 잠재우는 자장가였다.

초등학교 시절, 아버지의 손은 나를 품어 주는 사랑의 보자기였다. 십 리가 넘는 학교길, 여름 장마철이면 네 번이나 넘실대는 징검다리를 건너야 했다. 그때마다 아버지는 위험을 무릅쓰고 나를 업거나 보듬어 허리까지 차오른 물속을 걸었다. 등에 업힌 채 아버지의 목덜미에 닿던 맥박 소리가 지금도 내 귀에 메아리친다. 몸살로 열이 펄펄 끓던 어느 봄날에도 "학생은 공부가 중요하다."라며 나를 업고 먼 등굣길을 걸으셨다. 수업을 마칠 때까지 교문 앞에서 기다리셨다가 다시 나를 업고 돌아오신 그 모습. 그 지극한 정성으로 나는 개근상과 함께 아버지의 깊은 사랑을 우등상으로 받았다.

고등학교를 졸업하고 추석이 가까울 무렵이었다. 아버지와 단둘이 조상의 묘를 벌초하러 나섰다. 몹시 편찮으신 몸이셨음에도, 아버지는 앞장서서 여기저기 흩어져 있는 묘소를 찾아 안내하시느라 안간힘을 쓰셨다.

"저기… 네 증조할아버지 묘야."

한 손으로 저 멀리 묘를 가리키며 다른 한 손으로 내 손을 붙잡으신 아버지. 예전엔 그토록 단단하고 따뜻했던 아버지의 손은 어느새 여위고 고붓한 모습으로 힘없이 내 손등을 감싸왔다. 소슬한 가을바람이 뺨을 스치는 순간, 나도 모르게 눈시울이 붉게 젖었다. 그날, 말없이 맞잡은 손의 온기는 오래도록 내 가슴을 저리게 했다. 그 따스함이 가을 햇살처럼 마음속 깊이 스며들어, 아직도 그 순간의 뭉클함이 생생하다.

돌아가시기 전날, 나는 솥에 데운 물을 대야에 담아 아버지의 발을 씻겨 드렸다. "자꾸 여러 가지 꿈이 보인다."라는 아버지의 마지막 말에 나는 고개를 끄덕였다. 숨소리가 잦아들수록 방 안에 맴도는 침묵은 점점 더 무거워졌다. 그 순간의 숨결과 온기가 아직도 내 곁을 감싸고 있다.

지금 내 손등에 새겨진 잔주름은 아버지의 것과 닮았다. 돌이켜 보면 나는 과연 아버지를 얼마나 따뜻하게 모셨을까. 아버지의 손길과 사랑은 늘 내 삶을 밝혀 주었지만, 정작 나는 아버지의 가슴을 충분히 덥혀 드리지 못했다는 아쉬움이 물결처럼 밀려온다. 아버지의 손이 내 인생을 떠받친 기둥이었다면, 아버지가 노쇠했을 때 나는 그 잠시나마 기댈 수 있는 버팀목이 되어 드렸을까.

그때는 그랬지

초임 시절의 교단생활을 회고하여 본다. 나는 1970년 3월 1일자로 첫 발령을 받았다. 그때의 첫 월급은 2만 원 남짓이었다. 지금처럼 온라인 계좌로 입금되지 않고 현금으로 수령하였는데, 당시 쌀 한 가마니가 6천 원 정도에 거래되었으니, 지금의 급여에 비하면 실로 형편없는 액수였다. 생활비로 쓰기에도 빠듯하였음은 물론이다.

당시 1970년대의 교육 여건은 지극히 열악하였다. 한 개의 교실에 두 개의 학급을 배정하여 오전반과 오후반으로 나누어 수업하는 2부제 수업은 예사였고, 때로는 3부제 수업이 행해지기도 했다. 시골의 경우는 오전반, 오후반이 없는 학교도 있었으나, 대체로 열악한 상황은 별반 다르지 않았다. 이 시기에 급히 지어진 교사 건물에는 석면이 다량으로 사용되었던 탓에 21세기인 오늘날에도 문제가 제기되는 경우가 있다.

스무 평 남짓한 교실 하나에 70명 내지 80명이 넘는 학생들이 빼곡히 앉아 학업에 정진하던 '콩나물시루 같은 교실' 풍경은 오늘날로서는 가히 상상하기 어려운 모습이 아닐 수 없다. 책상 두 개를 붙여 옆으로 여섯 줄, 앞뒤로 여덟 줄을 놓아야 할 정도였으니 말이다. 난방 시설 또한 제대로 갖추어지지 않아 겨울에는 교실 한가운데 연탄난로를 피워 온기를 얻었으며, 교실과 책걸상 또한 오늘날과 비교하면 심히 낡고 조악했다.

이러한 환경 속에서도 담임 교사의 지위는 높았고 학생들은 교사에게 절대적으로 복종하는 분위기였다. 숙제를 안 해오거나 성적이 저조하면 벌받기도 하는 등 체벌 또한 빈번히 행해졌다. 교육은 국가 발전을 위한 인재 양성과 이념 교육에 중점을 두었다. 1969년부터 중학교 무시험 진학 제도가 도입되어 과열 경쟁의 압박은 다소 완화되었으나, 실제 교육 현장에서는 지식 습득과 암기 위주의 주입식 교육 방식이 여전히 주류를 이루는 경우가 다반사였다. 교과서와 교육과정은 중앙정부에서 관리하였으며, 반공 교육과 도덕 교육이 중요한 부분을 차지했다. 한편, 1970년대에는 초등학교 취학률이 거의 백 퍼센트에 달하며 의무 교육이 전국적으로 정착되었다.

그 시대, 국가는 '새마을 운동'을 펼쳤다. '근자협'은 지금도 잊히지 않는 구호이다. 이는 근면, 자조, 협동을 뜻하는 말로, 동네마다 골목마다 벽이나 유리창 등에 흔히 새겨 넣었던 낱말이다. 그리고 새마을 운동과 더불어 국민의 생활 습관 개선을 위한 다양한 캠페인 또한 전개되었다. 쥐 잡기 운동, 불조심, 물자 절약, 자연보호, 국산품 애용, 저축 장려, 혼식 장려 운동 등이 그러하였다. 여기서 혼식이란, 쌀이 귀한 때이니 보리를 섞어 먹으라는 정부 방침이었다. 도시락에 보리를 얼마나 섞어왔는지 선생님이 친히 검사하기도 하였다. 가난하여 끼니를 거르거나, 심지어 소풍 때 도시락조차 싸 오지 못하는 아이 또한 더러 있었으니 가슴 아픈 일이었다.

걸핏하면 퇴근 후에도 비상소집에 응해야 했고, 모처럼의 공휴일이나 일요일에도 출장비 없는 출장이 빈번하였다. 밤에는 숙직 근무를 서야 했고, 성인 교육, 투표 방법 연수, 새마을 사업 홍보 등으로 동원되기도 했다. 겨울에는 이른 아침 출근하여 학생들을 위해 연탄난로를 피우는 일 또한 나의 몫이었다. 이처럼 많은 초과 근무 속에서도 교사로서 자부심과 보람을 느꼈던 시절이었으니, 이 또한 어찌 의미심장한 경험이 아니겠는가.

지금은 환경도, 학년도, 교과도 너무나 달라 예전의 경험을 굳이 많이 떠올려 비교한들 무엇이 소용 있겠는가. 그동안 세월의 흐름에 따라 만물이 변하듯 우리 교단의 현실 또한 지극히 많이 변모하였다. 오늘날에 이르러 여름에는 에어컨이 시원한 바람을 선사하고 겨울에는 뜨끈한 전기 난방으로 교실이 따뜻하여 반소매를 입고도 수업받을 수 있으니, 세상은 참으로 많이 변천하였다. 쾌적한 실내 온도를 유지하며 편리하고 행복하게 학업에 전념하는 시대라 할 수 있겠다. 이처럼 교육 여건은 개선되었으나, 저출산의 영향으로 기존의 학교마저 폐교되는 지금과 비교하자니 실로 격세지감을 금할 수 없다.

그래도 변치 않는 것들

세상의 모든 것은 변한다. 어린아이는 자라 어른이 되고, 계절마다 꽃은 피고 지며, 바다는 끊임없이 밀려오고 밀려간다. 이 흘러가는 시간 속에 영원히 똑같은 것은 아무것도 없다. 하나 역설적으로, '모든 것은 변한다.'라는 사실만큼은 언제나 진실로 남는다. 이것이 우리가 이 삶을 살아가는 동안 기댈 수 있는 유일한 확신이자, 때로는 유일한 위로가 되기도 한다.

봄날 터져 나오는 꽃망울은 새 생명의 시작처럼 희망에 차오른다. 하나 그 여린 꽃은 여름의 뜨거운 햇살 아래 시들어가고, 가을의 차가운 바람에 흔들리다, 겨울의 침묵 속에서 결국 사라진다. 나뭇잎도 매한가지이다. 찬란했던 청춘의 초록은 붉고 노란 황금빛으로 물들고, 어느새 앙상한 가지 끝에 외로이 남은 잎 하나가 세월의 흔적을 말하여 준다. 마침내 바람에 흩날려 흔적도 없이 사라진다. 자연의 순환은 냉정하여 보이나, 그 안에는 되돌아올 계절이 있다는 아름다운 약속이 담겨 있다. 우리는 그 순환을 통해 다시 살아갈 작은 이유를 발견하곤 한다.

인간의 삶은 자연보다 훨씬 더 복잡하고, 그 변화는 때로 더욱 아프게 다가온다. 한때 웃음꽃 피던 뺨에는 어느새 깊은 주름이 자리 잡고, 뜨거운 열정으로 뛰던 가슴은 서늘한 그림자 아래 천천히 식어간다. 사랑한다고 속삭이던 눈빛은 낯선 표정이 되고, 소중했던 기억들은 손가락 사이의 모래처럼 속절없이 흘러간다. 기쁨과 슬픔이 끊임없이 교차하는 삶 속에서 우리는 간혹 길을 잃고 헤매기도 한다. 삶이란 바람에 흔들리는 갈대처럼 가늘고 연약한 것인지도 모른다.

그럼에도 불구하고, 나는 하나의 불변을 믿는다. 그것은 바로 '사랑은 변하지 않는다.'라는 믿음이다. 변하는 것은 사랑 그 자체가 아니라, 사랑을 담았던 우리의 관계나 상황, 또는 우리의 감정이라는 그릇일 뿐이다. 사랑은 끝났다고 생각했던 그 순간에도, 언젠가 건넸던 따뜻한 말 한마디와 잊은 줄 알았던 눈빛 속에서 여전히 조용히 살아 숨 쉰다.

이 믿음은 마치 모래성 위에 세워진 등대처럼 위태로이 보이나, 동시에 놀랍도록 단단하게 존재한다. 아무리 거친 파도가 밀려와도 등대의 불빛은 결코 흐려지지 않는다. 오히려 그 빛은 어둠 속을 헤쳐 나가는 배에게 방향을 알려주는 길잡이가 된다. 사랑도 그러하다. 때로는 그리움이라는 이름으로 남아 우리 마음의 가장 깊은 곳에서 천천히, 하나 분명하게 빛을 발한다.

누군가는 바다를 무한하다 말한다. 하나 내 안의 그리움은 바다보다 더욱 깊고 넓다. 시간의 해저를 유영하는 고래처럼, 잊었다 생각했던 기억들이 문득 다시 떠오르곤 한다. 그리움은 단순히 과거에만 머무르지 않는다. 그것은 닿지 못한 것에 대한 간절한 갈망이자, 동시에 언젠가 도달할 것에 대한 아련한 예감이다. 마치 작은 나비가 드넓은 하늘을 향해 힘껏 날아오르듯, 그리움은 언젠가 다시 피어날지도 모를 미래를 향해 희망의 날갯짓을 한다.

사랑은 때로 상실의 형태로, 그리움은 때로 눈물의 형태로 나타나기도 하나 그것들은 모두 우리 삶에 새겨진 소중한 흔적들이다. 오래된 이불 냄새 속에서 어린 시절의 따뜻한 온기를 떠올리듯, 오래된 기억들은 가슴 어딘가에서 끊임없이 살아 움직인다. 우리가 그리움을 품고 살아간다는 것은 단순히 과거를 회상하는 것을 넘어 그 안에서 오늘의 '나'를 찾아가는 의미 있는 여정이다.

'그리움은 뒤로 가는 심장박동'이라는 말이 있다. 달빛 가득한 밤, 창가에 기대어 그리운 이들의 이름을 속삭일 때, 그리움은 빗방울처럼 유리창을 조용히 두드린다. 멀어진 친구, 돌아올 수 없는 시간, 사라진 목소리. 그 모든 것들은 여전히 내 안에서 생생하게 살아 있다. 그리움은 사라진 것들이 남긴 '빈자리'가 아니라, 그 자리를 따뜻한 숨결로 채워주는 '충만함'이다.

사랑은 쉽게 사라지지 않는다. 시간은 우리를 흔들어 놓을 수 있으나, 사랑의 본질을 지우지는 못한다. 마치 모래시계를 거꾸로 돌려도 그 안의 모래 알갱이는 여전히 그 자리에서 반짝이듯 말이다. 우리가 그 사랑을 굳게 붙잡고 하늘을 올려다보는 순간, 사랑은 다시금 우리 안에서 살아 숨쉬기 시작한다. 그것은 영원이 잠시 우리 곁에 머무는 소중한 순간이자, 우리 삶이 진정으로 아름다워지는 이유이다.

변화무쌍한 세상 속에서 변하지 않는 것을 믿는 일. 그것은 바람 앞에 촛불을 켜는 일처럼 위태롭고 무모하여 보일 수 있다. 하지만 바로 그 작은 불빛 하나가 어둠을 밝혀준다. 사랑이 그러하고, 그리움이 그러하다. 우리의 삶은 언젠가 끝날지라도, 그 안에 담긴 사랑과 그리움이라는 마음은 오랜 별빛처럼 영원히 우리 곁을 맴돌 것이다.

그리하여 우리는 오늘도 흔들리면서도, 마음 깊이 박힌 그리움의 뿌리를 붙잡고 하늘을 우러른다. 사라진 것들 속에서도 꺼지지 않는 불빛을 보며, 다시 사랑할 용기를 얻는다. 그리고 깨닫는다. 진정한 영원은 변하지 않는 것들에 대한 믿음 속에서 시작됨을 말이다.

역사의 진실을 찾다

초여름 햇살이 정읍을 포근히 감싸안던 2023년 6월 3일 토요일 오후, 나는 정읍 YMCA 청소년 수련관에서 열린 '6.3 정읍 선언 77주년 기념식'에 참석했다. 행사 시작 전, 기념식장 한편에 마련된 전시 부스를 거닐다 책더미 사이에서 『세 번의 혁명과 이승만』이라는 책 한 권이 눈길을 사로잡았다. 오정환 저자의 책을 펼쳐 몇 장을 넘기자마자, 한 문장이 내 시선을 붙들었다. "통일 정부를 고대하나 여의케 되지 않으니, 우리는 남방만이라도 임시정부 혹은 위원회 같은 것을 조직하여 38 이북에서 소련이 철퇴하도록 세계 공론에 호소하여야 될 것이다."

단 세 줄에 불과했지만, 그 문장은 지금껏 내가 굳건히 믿어왔던 역사의 조각들을 송두리째 흔들었다. 흔히 '분단의 원흉'이라

배워왔던 인물이 실은 북풍한설 몰아치는 위기 속에서도 남쪽의 마지막 등불마저 지키려 했던 처절한 절규를 토해냈다는 깨달음은 내게 깊은 울림으로 다가왔다. 창밖 포플러나무 그림자가 바람에 흔들렸고, 그 잎새 사이로 스며드는 빛은 마치 역사의 진실을 가리키는 손가락처럼 아련하게 느껴졌다.

이 지적 충격은 단순한 지적 유희가 아니었다. 책은 1945년 가을, 스탈린이 평양의 소련군 사령관에게 '북부에 소련의 이익을 영구히 구축할 정권을 수립하라'는 지령을 내리고, 그 명령이 이듬해 2월 '북조선임시인민위원회' 설립으로 현실화했음을 지도처럼 선명하게 보여주었다. 토지개혁, 산업 국유화, 군대 창설 등을 통해 북한이 이미 국가의 형태를 갖춰가고 있었다는 사실을 비로소 깨달았다. 일반적으로 '단독정부 수립'으로만 인식되던 역사적 사실 뒤에, 북한 지역에서의 선행 공산화 과정이 있었음을 새롭게 인식하게 된 순간이었다.

77년 전 그날, 이승만은 지방 순회의 첫걸음으로 이곳 정읍에서 미소 양군의 대립으로 인한 분단의 위기라는 치열한 현실을 마주했다. 그의 결단, '선 임시정부, 후 통일'은 결코 패배주의가 아니었다. 그것은 바람에 흔들리면서도 뿌리를 깊게 내리는 포플러나무처럼, 남은 절반의 땅이라도 자유의 터전으로 지키려는 필사적인 안간힘이자 처절한 몸부림이었다. 그동안 내가 무심코 던졌던 '분단 책임자'라는 돌팔매를 내려놓아야 할 때였다. 그의 독선과 권위주의를 비난하면서도, 만약 내가 그 시대에 섰다면 냉혹한 현실 앞에서 어떤 선택을 했을까 묻는 순간, 역사의 물음은 비수처럼 나를 향했다.

기념식장에서 울려 퍼지던 애국가 선율이 77년 전 그날의 공기를 휘감았을 것이라 상상하며, 나는 책 속 문장들을 눈으로 따라갔다. 해방의 환희가 빛을 잃고 미 · 소 양군이 38선을 경계로 팽팽하게 대치하던 시절, 남북 어디에도 통일의 길은 보이지 않았다. 그해 3월 서울에서 개막된 미소공동위원회는 임시정부 수립을 위한 협의 대상을 놓고 초반부터 진통을 겪었던 상황이 그림처럼 생생하게 그려졌다. 역사는 고정된 사실이 아니라, 지금 여기에서 새롭게 질문하고 다시 쓰여야 할 이야기임을 깨달으며 나는 문득, 잠에서 깨어나듯 각성했다.

한 인물을 단죄하는 일은 얼마나 손쉬운가. 하지만 그의 선택을 온전히 이해하기 위해 시대적 맥락의 얽히고설킨 실타래를 헤집어보는 일은 얼마나 지난한가. 포플러나무 아래 서서, 역사를 평가하는 일이 과거와 현재의 진정한 대화를 통한 깊은 통찰임을 나는 배웠다. 그는 완벽한 사람이 아니었고, 훗날 독선과 권위주의로 무너졌지만, 한 인물을 단 하나의 얼굴로만 기억하는 것은 역사를 절반만 읽는 어리석음이라는 것을 깨달았다.

마지막 책장을 덮으며 정읍발언이 내게 남긴 것은 역사적 인식을 깊게 하고 편견을 깨는 솔직함이었다. 시대를 초월한 상상력과 그 모든 것을 관통하는 예리한 시선. 하지만 가장 큰 선물은 바로 자기 성찰의 기회였다. 역사는 포플러나무처럼 흔들리며 자라나고, 그 가지마다 새겨진 선택들은 오늘의 거울이라는 것을 이제야 알겠다. 수련관을 나서며 발끝에 닿은 모래알 하나가 77년 전 그날의 뜨거운 열기를 전하는 듯했다. 멀리서 들려오는 학생들의 웃음소리, 학교 정원의 포플러나무 위로 부서지는 햇살 속에서 역사는 늘 두 겹의 얼굴을 지닌다는 것을 새삼 깨달았다. 소문과 오해로 그려진 얼굴, 그리고 기록과 증언으로 빚어진 진실의 얼굴. 그 사이를 가로지르는 오해의 강을 건너는 일은 쉽지 않다. 그러나 오늘, 나는 그 강가에 한 발짝 더 다가섰다.

77년 전 6월 3일, 이승만의 '정읍발언'은 혼돈의 물길 한가운데서 자유민주주의라는 방향을 또렷이 가리킨, 우리 현대사의 결정적 전환점이었다. 그날의 파도는 잦아든 듯 보이나, 여전히 역사의 강을 저류에서 밀어올리며 우리에게 묻는다. 우리는 자유와 통일의 가치를 어떻게 지켜낼 것인가. 나는 그 물음을 가슴에 안고 다시 책을 펼친다. 이제는 과거를 반복해 적기 위해서가 아니다. 이 땅의 내일을, 우리의 열정과 지혜로 분명히 써 내려가기 위해서다.

저무는 노을, 아버지의 뒷모습

가을 저녁, 붉게 저무는 노을이 하늘 끝을 물들이며 타올랐다. 바람은 서늘했으나, 그 속에는 아직 여름의 잔향이 남아 있었다. 나는 문득 발길을 멈추고 하늘을 바라보았다. 그 순간, 오래전 아버지의 뒷모습이 파노라마처럼 되살아났다.

내 삶의 가장 든든한 버팀목이자 말없이 곁을 지켜주던 아버지의 무뚝뚝한 미소와 푸근한 손길이, 노을빛이 서산에 드리우던 어떤 날처럼 다시금 떠올랐다.

내 어린 시절의 기억 속 아버지는 언제나 등 넓은 뒷모습으로 다가왔다. 말은 적으셨지만, 묵묵히 흙을 일구며 흘리던 땀방울이 곧 사랑의 언어였다.

봄이면 밭고랑 사이로 새싹이 움트는 걸 함께 바라보았고, 여름이면 냇가에서 멱을 감으며 하늘을 가득 채운 매미 소리를 들었다. 가을이면 수확의 손길을 맞잡았고, 겨울이면 모닥불 곁에서 마른 장작이 타들어 가는 소리를 들으며 서로의 체온을 나누었다. 계절마다 풍경은 달랐지만, 그 안에서 아버지와 내가 나눈 시간은 늘 같은 온도로 빛났다.

아버지는 세상에 대해 많은 말을 하지 않으셨다. 그러나 그 침묵 속에는 어떤 말보다 깊은 뜻이 담겨 있었다.

"모름지기 사람은 공부를 해야 한다."

힘주어서 하셨던 말씀 한마디가 가슴속 깊은 곳에서 울려 나오는 메아리 같았다. 아궁이 앞의 부지깽이도 한몫한다는 그 바쁜 농사철, 일에 시달려 흘린 땀으로 축축했던 모시 적삼과 잠방이가 무짠지 같던 아버지의 모습이 아직도 눈앞에 아른거리는 듯하다. 그렇게 너나없이 일손이 부족한 와중에도 공부한다는 핑계를 대면 아버지는 내색하지 않으셨다.

나는 때때로 아버지의 등 뒤에서 물었다.

"아버지, 왜 그렇게 아침마다 일찍 일어나세요?"

그러면 아버지는 삽자루를 손에 쥔 채 빙긋 웃으며 대답하셨다.

"해가 뜨면 같이 일어나야지. 그래야 하루를 안 놓치지."

그 단순한 말은 시간이 흘러 나를 일으켜 세우는 삶의 지침이 되었다.

어느 해 가을, 단풍이 물든 숲길을 아버지와 함께 걸은 적이 있다. 바람에 단풍잎이 흩날리자, 아버지는 마치 어린아이처럼 환히 웃으셨다.

"저 봐라, 세상이 온통 금빛이구나. 이렇게 아름다운데 욕심낼 게 뭐 있겠냐."

나는 그 웃음을 평생 잊지 못한다. 화려한 말이 아니어도, 세상을 바라보는 아버지의 눈길 속에서 나는 겸손과 감사의 의미를 배웠다.

겨울이 깊어 눈발이 휘날리던 날, 아버지와 나란히 걸으며 들었던 말도 잊히지 않는다.

"길이 막히면 돌아가면 되고, 넘어지면 일어나면 된다."

짧은 문장이었으나 그 속에는 인생의 모든 길이 압축되어 있었다.

이제 아버지는 내 곁에 계시지 않는다. 그러나 저녁노을이 붉게 번지는 순간마다, 나는 여전히 아버지의 뒷모습을 따라 걷는다. 삶은 늘 예기치 않은 고비를 주지만, 그때마다 아버지의 한마디가 속삭이듯 되살아난다.

"해가 뜨면 같이 일어나야지."

오늘도 나는 그 말에 힘입어 하루를 살아낸다.

저무는 노을 아래, 아버지와 함께 걸었던 길을 다시 걸으며 나는 깨닫는다. 부모의 사랑은 시들지 않는 계절이며, 우리의 삶을 지탱하는 가장 깊은 뿌리라는 사실을.

붉게 저무는 하늘 끝, 노을은 스스로 사라지는 듯 보이지만 사실은 내일을 위한 빛을 품고 있다. 아버지가 내게 남겨준 것도 그러하다. 언젠가 나 역시 누군가에게 저녁노을 같은 뒷모습으로 남기를 바란다. 말없이 따뜻하게, 묵묵히 곁을 지키며.

지구의 심장 박동 소리

"심장아, 너는 왜 이렇게 빨리 뛰니?"

지구가 내게 묻는다. 그 목소리는 파도 끝의 물거품처럼 가늘었으나, 깊은 심연을 울리는 북소리 같았다. 나는 대답 대신, 심장이 뛰는 리듬만큼 빠르게 스쳐 가는 뉴스 화면을 바라본다. 남극의 빙붕이 무너져 내린다. 푸른 얼음의 절벽이 바닷속으로 거대한 숨소리를 남기며 사라진다. 그 위에서 부화기를 기다리던 펭귄들이 얼음 경계선에 매달려 있다. 흩어진 무리는 바다 위에 점처럼 떠다니고, 차가운 바람은 그들의 울음을 멀리멀리 실어 나른다.

남극의 해빙 속도는 위성의 눈에 매일 기록된다. 2025년 초, 아메리 빙붕 주변에서 관측된 광범위한 해빙은 단순한 계절 변화가 아니었다. 얼음은 천년을 쌓아 올린 이야기인데, 그 이야기가 몇

해 사이에 무너져 내리고 있었다. 과학자들은 황제펭귄의 번식 실패를 '얼음의 후퇴'와 함께 설명했다. 아직 멸종을 예언할 수는 없지만, 그들의 삶을 위협하는 바람이 이미 시작된 것은 분명했다.

바다는 또 다른 신음으로 응답한다. 여름 해변, 갯벌 위로 하얗게 깔린 바지락 껍데기들이 조용히 햇빛을 반사한다. 살아 있을 때 그들은 바다의 숨결이었다. 수온이 몇 도만 올라가도, 그 호흡은 멈춘다. 2025년 7월, 서해안의 바지락 생산량은 전년보다 75%나 줄었다. 바닷물을 끌어 올리는 어민의 손이 허공을 움켜쥐듯 헛돌았다. 학자들은 2050년이면 그 수확량이 절반 이하로 줄 수 있다고 경고했다. 하지만 해변 마을에서 그 숫자는 단순한 예측이 아니었다. 부두에 앉아 있는 어민의 표정, 그 옆에 놓인 텅 빈 망사 자루, 바람에 쓰러지는 그늘막이 곧 통계의 다른 이름이었다.

육지는 바다보다 먼저 숨이 가빠졌다. 2025년 5월 말부터 7월 초까지, 폭염으로 37만 9천여 마리의 가축이 쓰러졌다. 하얀 깃털을 부풀린 채 움직임을 멈춘 닭, 축사 안에서 혀를 길게 내민 채 서 있는 소, 돼지우리의 정적. 젖소의 우유 생산량은 줄었고, 새끼를 잃는 경우가 늘었다. 농부들은 '고온 스트레스'라는 말보다, 먹이를 남기는 소와 마른 풀더미의 냄새에서 그 심각함을 먼저 알아차렸다.

도시는 또 다른 방식으로 열을 품었다. 2025년 7월, 서울의 평균기온은 27.1℃, 열대야는 21일을 이어갔다. 117년 관측 이래 가장 많은 기록이었다. 밤 창문을 열어도 들어오는 것은 바람이 아니라 뜨겁게 달궈진 벽의 숨결이었다. 전등을 끄고 부채질을 해도, 이마의 땀은 마르지 않았다. 전력 수요가 치솟으며, 한여름의 전깃줄은 보이지 않는 경고음을 냈다.

하늘은 열기만 품은 것이 아니었다. 7월 중순, 장마전선이 폭발하듯 쏟아진 비는 강을 삼키고 길을 지웠다. 수천 채의 집이 물에 잠겼고, 만삼천 명이 대피소로 향했다. 겨우 물이 빠진 골목에는 가재도구 대신 진흙 냄새만 남았다. 봄에는 경북 의성 일대에서 대형 산불이 발생해 산림 3만 3천 헥타르가 잿빛으로 변했고, 32명의 생명이 불길에 휩쓸렸다. 계절은 물과 불을 번갈아 보내며, 인간에게 그 힘을 잊지 말라고 경고하는 듯했다.

그렇지만 절망만이 세상을 지배한 것은 아니었다. 제주도의 초등학교 운동장에서는 아이들이 태양광 모형을 들고 웃고 있었다. 서울시청 광장에는 햇빛을 먹는 패널이 빛나고, 여수의 작은 공방에서는 바다 생태를 지키는 친환경 어망이 완성되어 항구로 향했다. 부산의 골목 카페들에는 '오늘은 일회용 컵이 없습니다'라는 손 글씨 안내문이 붙었다. 환경부의 조사에서 MZ세대 73%가 '소비 습관을 바꿨다'라고 응답했다는 소식은, 그 어떤 날씨보다 따뜻했다.

11월, 브라질 벨렘에서 열릴 제30차 유엔 기후변화협약 당사국

총회(COP30)에서는 전 세계의 청년들이 마이크 앞에 설 것이다. 그들의 목소리는 아마도 이렇게 울릴 것이다. “우리는 미래가 아니라 현재를 구해야 한다.” 국경과 언어, 피부색을 넘어, 하나의 심장 박동처럼 퍼져나갈 그 울림을 나는 상상한다.

기후 변화는 더 이상 ‘다가올’ 위험이 아니다. 펭귄의 발걸음, 바지락의 숨결, 가축의 헐떡임, 도시의 열기, 이 모든 것이 지구라는 하나의 심장 박동 속에 묶여 있다. 2025년 여름의 기록은 단순한 숫자가 아니라, 다음 세대가 마주할 초상의 밑그림이다.

나는 지금, 재난이 끝난 후가 아니라 그 한가운데서 글을 쓰고 있다. 빙하가 녹아내린 물에 비친 하늘은 푸르지만, 그 푸름 속에는 수천 년의 시간과 오늘의 경고가 함께 떠 있다. 그 하늘을 오래 바라본다. 그리고 배운다. 진정한 각성은 절망이 끝난 자리에서가 아니라, 절망의 심장 속에서 다시 뛰기 시작하는 희망에서 비롯된다는 것을.

6부

경계 너머의 사랑

붉은 약과 푸른 약

밤의 깊고 은밀한 회로를 조용히 헤매던 네오, 그의 손끝에 붉은 약과 푸른 약이 나란히 놓이는 순간, 나의 호흡은 어둠처럼 가늘고 섬세하게 얇아졌다. 푸른 약은 마치 안온한 망각의 달콤한 미소 같았고, 붉은 약은 우리의 눈을 무자비하게 뜨게 하는 날카로운 진실의 칼날 같았다. 그의 선택은 단순한 한 개인의 결정을 넘어, 우리 각자의 영혼 깊숙이 울리는 근본적인 질문이었다.

"당신이 믿고 있는 이 현실, 그 빛과 그림자, 정말로 진실인가, 아니면 정교하게 조율된 하나의 거대한 꿈인가?"

1999년, 워쇼스키 자매는 미래라는 신비로운 거울에 철학의 깊은 빛을 비추었다. 『매트릭스』는 단순한 영화의 껍질을 넘어, 사유와 영감을 섬세하게 숨겨 놓은 하나의 예술 작품이었다. 플라톤의 동굴은 다시 어둠에 잠겼고, 데카르트는 다시 의심의 칼날을 휘둘렀으며, 보드리야르의 현실 해체는 다시 한번 무너졌다. 그들의 사상은 스크린의 작은 픽셀 안에서 생동감 있게 살아 움직이며 관객의 의식을 깊숙이 자극했다.

이 세계 또한 매트릭스일지도 모른다. 네오가 붉은 약을 삼키고 가상 너머의 초현실을 맞닥뜨린 그 순간, 나는 내 일상의 진실에 흔들렸다. 기계에 에너지를 제공하는 존재, 가상 속에 갇힌 생명… 이 설정은 영화가 아닌 우리의 일상에 의문을 던진다. 혹시 우리도 보이지 않는 구조의 유희 속에서, 그림자에 현혹된 삶을 살아가고 있는 것은 아닐까?

우리는 태어남과 동시에 어떤 동굴에 던져진 존재일지도 모른다. 벽에 비친 형체를 세계라 믿고, 스마트폰 화면을 창이라 여기며, 그 안의 뉴스와 영상, 보정된 이미지들에 정체성을 기대고 있다. 그리하여 묻는다. 우리가 보는 것은 진짜인가? 아니면 알고리즘이 길들인 환영에 불과한가?

딥페이크 기술은 목소리와 얼굴을 빌려 허위를 진실처럼 말하고, AI는 우리의 눈빛 뒤 취향과 습관을 해독한다. 현실과 가상의 경계는 그 어느 때보다 부드럽게 녹아내리고 있다.

오라클은 네오에게 말한다. "넌 이미 선택했어. 이제 그 이유를 알게 될 거야." 이 말은 운명과 자유 의지 사이의 낡고도 새로운 대화를 시작하게 만든다. 우리는 넷플릭스의 목록 중 하나를 고른다. 그러나 그 고름은 선택일까, 아니면 예측된 유도일까?

세상은 보이지 않는 수학적 손길에 의해 구성된 정원의 미로 같고, 우리는 그 길을 걸으며 '나의 의지'라 착각하고 있는지도 모른다. 우리는 정말 스스로 선택하는 존재일까, 아니면 선택되었다는 환상을 사는 존재일까?

네오가 총알을 피하는 블릿 타임. 그 순간은 시간마저 숨을 멈춘다. 그 장면은 시각적 혁신이자 인식의 경계에 닿는 시적 이미지였다. 소년은 숟가락을 구부리며 속삭인다. "숟가락을 구부리려 하지 마세요. 진실을 깨달으세요. 숟가락은 없어요."

숟가락은 없었다. 모든 것은 관념이었고, 인식이었고, 믿음이었다. 우리가 알고 있는 고정된 세계는 의식의 파동에 따라 흔들리고 뒤바뀐다. 네오가 총알을 피하던 그 찰나는, 물리의 법칙을 넘어 마음의 궤도가 현실을 다시 그리는 순간이었다.

오늘 우리는 스마트 기기와 AI의 눈 아래 살아간다. 우리의 동선은 기록되고, 기호는 분석되고, 감정마저 예측된다. 그 세계 속에서 우리는 묻는다. "이 구조 너머에 진정한 자유가 존재할 수 있을까?"

시온은 붉은 땅속의 마지막 희망이었다. 매트릭스 밖, 인간 저항의 망루. 예루살렘처럼, 시온은 구원의 상징이었고, 네오는 그곳을 구원할 메시아로 예언된다. 그러나 그곳도 완전하지 않았다. 통제와 생존의 타협은 그곳에도 있었다.

오늘의 세상, AI 면접관과 가상 인플루언서가 인간다움의 경계를 흐리고 있다. 우리는 어떤 시온을 꿈꾸어야 할까? 그곳은 기술 너머의 순수함일까, 아니면 또 다른 구조와 질서일까?

『매트릭스』는 25년이 지난 지금도, 여전히 우리를 흔든다. 그것은 단지 질문을 던지는 것이 아니라, 응답을 요구한다. 우리가 본다는 것, 듣는다는 것, 안다는 것, 그리고 선택한다는 것. 그 모든 행위가 진정한 의미를 지닐 수 있는지 되묻는다.

이제, 나는 서 있다. 파란 약의 온화함 앞에서, 붉은 약의 격렬한 진실 앞에서. 그리고 나 자신에게 묻는다. "나는 무엇을 삼키겠는가?" 망각인가, 각성인가.

플라스틱 그림자 아래에서

주방 한쪽을 돌아보면, 알록달록한 플라스틱 용기들이 차곡차곡 쌓여 있다. 배달 음식의 흔적, 마트 식료품의 포장재, 아이들 간식의 봉지까지. 처음엔 그저 편리해서 손을 댔고, 어느새 익숙해져 무심코 쓰고 또 버렸다. '분리배출만 잘하면 되지 않을까?' 그 막연한 안도감 속에서, 나는 이들이 어디로 가는지, 그 끝이 무엇인지를 깊이 고민해 본 적이 없었다.

그러던 어느 날, 텔레비전 화면 속에서 한 장면이 나를 붙잡았다. 코에 플라스틱 빨대가 박힌 채 고통스러워하던 바다거북. 그 애절한 눈빛은 말없이도 통렬했다. 마치 지구가 보내는 절규 같았다. 망치로 머리를 얻어맞은 듯한 충격, 그리고 뒤따르는 긴 침묵. 그날 이후, 나는 깨닫게 되었다. 무심코 버린 플라스틱 컵 하나,

비닐봉지 하나가 저 멀리 바다의 생명과 맞닿아 있을 수도 있다는 사실을.

플라스틱은 더 이상 '편리함'이라는 이름의 기호가 아니었다. 우리 삶 깊숙이 드리운, 결코 가볍지 않은 그림자였다. 그림자는 점점 짙어졌다. '미세플라스틱'이라는 단어를 처음 접했을 때, 나는 그저 과학적 개념쯤으로 여겼다. 그러나 그 조각들이 우리가 마시는 물과 먹는 생선, 그리고 공기 속까지 파고든다는 이야기를 듣고는 몸서리쳤다. "우리는 일주일에 신용카드 한 장 분량의 플라스틱을 먹고 있다." 그 충격적인 통계 앞에서, 나는 할 말을 잃었다. 혹시 내 몸 어딘가에도 이 미세한 조각들이 스며들어 있는 건 아닐까. 숨조차 버겁게 느껴졌다.

나는 나름 철저히 분리배출을 실천하고 있었다. 깨끗이 헹구고, 라벨을 떼고, 종류별로 나누어 버렸다. 그렇게 하면 플라스틱이 새 생명을 얻을 것이라 믿었다. 하지만 현실은 달랐다. 수거된 플라스틱의 절반 이상이 재활용되지 못한 채 소각되거나 매립된다는 사실은, 그동안의 노력이 무력하게 느껴지게 했다. 분리배출만 잘하면 된다는 안일함이 내 안에 있었다는 사실이 부끄러웠다. 결국, 가장 근본적인 해결책은 '덜 쓰는 것'이라는 결론에 다다랐다.

나는 작은 실천을 시작했다. 카페에 갈 때는 텀블러를 챙기고, 장을 볼 땐 커다란 에코백을 들고 나섰다. 처음엔 자주 깜빡했다. 텀블러는 주방에 놓아둔 채 빈손으로 나서고, 비닐봉지를 받아 들고는 뒤늦게 후회하기도 했다. 하지만 반복은 습관이 되었고, 습관은 어느덧 내 삶의 일부가 되었다. 샴푸와 세제는 리필 스테이션을 이용하고, 설거지할 땐 고체 비누를 사용했다. 택배를 받을 땐 플라스틱 포장이 적은 업체를 골라보려 애썼다.

누군가는 말할지 모른다. "나 하나쯤이야, 세상이 뭐 달라지겠어?" 그러나 나는 믿는다. 나의 작은 변화가, 누군가의 변화를 이끌고, 그 변화가 모여 더 큰 세상을 바꿀 수 있으리라는 것을. 작은 물결 하나가 호수를 흔들 듯, 미약하지만 분명한 파장이 되어 누군가의 마음에도 닿기를 바란다.

물론, 이 모든 일이 개인의 의지만으로 해결될 수 없다는 것도 잘 안다. 정책이 뒷받침되고, 기업이 책임을 져야 한다. 생산자 책임 재활용 제도의 강화, 친환경 포장재 개발, 그리고 기술의 진보가 함께 가야 한다. AI와 IoT 기술을 활용한 스마트 폐기물 관리 시스템의 뉴스는 그런 점에서 희망처럼 느껴진다.

플라스틱은 이제 우리 삶과 불가분의 존재가 되었다. 눈에 보이지 않는 미세한 입자부터, 남한 면적의 16배에 이른다는 태평양의 플라스틱 쓰레기 지대까지. 이 모두는, 편리함에 젖어 살아온 우리의 무관심이 빚어낸 상처다.

그러나 늦었다고 생각할 때가, 가장 빠른 변화의 시작일 수도 있다. 개인의 작은 실천에서, 정부의 시책과 기업의 책임 있는 역할, 기술의 진보, 그리고 순환 경제로의 전환까지. 우리가 함께 나아간다면, 이 그림자는 조금씩 걷히고, 지속 가능한 삶의 빛이 비칠 것이다.

나는 이제 안다. 손에 쥔 플라스틱 조각 하나가, 결국 어디로 흘러갈지를. 그리고 그 하나가 어떤 파장을 만들어낼지를. 그리고 믿는다. 나의 작지만 진심 어린 실천이, 더 나은 세상을 향한 시작이 될 수 있다는 것을.

지금 이 순간, 나라는 기적

밤하늘을 올려다볼 때마다, 나는 내 존재의 작음을 깨닫는다. 그러나 이 작음이야말로 얼마나 큰 기적인가. 찬란한 별빛은 수억 광년을 건너 내 눈에 닿고, 그 별빛을 인식하는 나라는 존재는, 우주가 스스로를 바라보기 위해 빚어낸 하나의 눈이다. 어린 시절, 나는 창가에 앉아 빗방울이 유리창을 타고 흐르는 모습을 바라보곤 했다. 그때마다 빗방울이 땅에 스며드는 모습이 마치 세상이 숨겨진 이야기를 속삭이는 것 같았다.

모든 것은 하나의 점에서 시작되었다. 시공간조차 태어나기 전, 말 그대로 '없음'에서 발현된 에너지의 불꽃 하나가 세상의 모든 가능성을 품었다. 빅뱅이라 불리는 그 팽창은 혼돈처럼 보였으나, 그 안에는 정렬의 씨앗이 담겨 있었다. 별이 태어나고, 은하가 형성되며 회전하고, 어느 순간 우리 태양계의 한 귀퉁이에 조심스럽게 지구가 자리를 잡았다. 마치 어둠 속에서 처음 피어나는 생명처럼, 지구는 우주의 질서 속에 조용히 정착하며 스스로 회전하기 시작했다.

지구는 단순한 행성이 아니었다. 태양과의 거리, 회전 속도, 자전축의 기울기, 자기장의 존재, 이 모든 조건이 정교하게 조화를 이루었다. 너무 멀지도, 너무 가깝지도 않게, 적당히 뜨겁고 적당히 차가운 이곳에서, 물은 액체로 존재했고, 대기는 생명을 감싸 안았다. 마치 가을 들판에 부는 산들바람이 벼 이삭을 부드럽게 일렁이게 하듯, 생명이 싹트고 자라나기에 완벽한 환경이 조성된 것이었다.

그러나 가장 경이로운 것은, 이 우주의 조합이 지극히 미세한 시작에서 비롯되었다는 사실이다. 눈에 보이지 않는 미세한 분자들이 결합하며 최초의 유기물을 형성했고, 스스로 복제할 줄 아는 분자가 나타났다. RNA는 그 구조가 불완전했지만, 오히려 그 불완전함이 더 많은 변이와 가능성을 허락했다. 자기 자신을 복제하고, 유전적 다양성을 만들어내며, 생명의 첫 토대를 놓기 시작했다. 마치 바람에 실려 흩날리는 모래알들이 우연한 움직임으로 아름다운 패턴을 그리듯, 예측할 수 없는 불확실성이 새로운 길을 열어주었다.

마침내, '세포'라는 경계선이 생겨났다. 바깥 환경과 내부를 구분 짓는 막, 그 안에서 자신만의 질서를 유지하는 작은 생명의 단위. 세포 속에는 단백질을 합성하는 리보솜이 있었고, 유전 정보를 담은 DNA가 있었으며, 생명을 계속 이어갈 수 있는 복잡한 정보 체계가 구축되어 있었다. 이 작디작은 세포 하나에도 수십억 년의 역사가 압축되어 있다. 마치 해변의 모래 한 알이 파도의 흔적을 간직하듯, 모든 존재는 시간의 기억을 품고 있다.

시간은 흐르고, 생명은 진화했다. 환경 변화에 적응하며, 더 강하고, 더 복잡하고, 더 정교한 형태로 분화해 나갔다. 바다에서 육지로 생물이 진출하여 숲이 형성되었고, 미생물에서 다세포 생물, 그리고 복잡한 짐승들이 출현했다. 어느 날 한 생명체는 두 발로 일어서, 마침내 별을 올려다보며 자신이 어디서 왔는지를 묻기 시작했다. 나는 그 지적 탐구자의 후예였다. 봄비에 젖은 흙냄새를 맡으며 자라난 새싹처럼, 거대한 시간의 계단을 딛고 여기까지 온 것이다. 진화를 이끈 것은 유전자의 무작위적 변이였고, 생존을 결정한 것은 환경과의 상호작용이었다. 환경에 적합하지 않은 유전자들은 소멸했고, 살아남은 유전자들은 또 다른 가능성을 펼쳐냈다. 그 반복되는 과정의 끝에 오늘의 우리가 존재한다.

죽음 또한 이 거대한 순환의 일부였다. 생명체는 죽음을 통해 물질과 에너지를 자연으로 돌려보내고, 이는 새로운 생명을 위한 자양분이 되었다. 우리는 죽음을 두려워하지만, 자연은 그것을 새로운 시작의 단계로 받아들인다. 죽음이 없다면, 변화도 없고, 진화도 없다. 영원히 죽지 않는 생명체는 성장의 멈춤을 의미한다. 그것은 살아 있음이 아니라, 그저 정지해 있는 상태다. 마치 가을 낙엽이 썩어 이듬해 봄의 흙이 되듯, 하나의 끝은 곧 새로운 시작으로 이어진다.

그러니 우리는 광대한 시간 속 한 줄기 빛으로 존재하며 지금 숨쉬고 있다는 사실만으로도 충분히 기적이다. 우리가 딛고 선 이 땅, 우리 곁을 스치는 바람, 피부에 닿는 햇살, 이 모든 것이 수십억 년에 걸친 우연과 필연이 겹쳐 만들어낸 경이로운 결과다. 삶은 축복이며, 매 순간은 하나의 선율이다. 겨울이 끝나면 봄이 오듯, 일상의 평범함 속에 우주의 장대한 서사가 스며 있다. 아침의 햇살은 첫 음표가 되고, 저녁의 바람은 마지막 화음으로 울린다. 사랑하는 사람과 나누는 짧은 눈빛조차, 모두가 거대한 교향곡 속의 소중한 음표다. 우리가 그 악보를 완성해 가고 있는 것이다.

우주의 나이는 138억 년. 그 오랜 시간 동안 단 한 번도 되돌아온 적 없는 시간의 물결 속에서, 우리는 단 하나의 찰나를 살고 있다. 그러나 그 찰나가, 이토록 눈부신 이유는 무엇일까. 아마도 우리는 스스로를 이해하려는 존재이기 때문일 것이다. 망원경을 들이대며 우주의 끝을 보려는 것, 현미경을 들고 생명의 시작을 찾는 것, 그리고 오늘이라는 날을 소중히 여기는 것. 이 모든 행위가 같은 질문의 다양한 표현일지 모른다. '나는 어디서 왔고, 어디로 가는가?'라는 근원적인 질문 말이다.

삶의 의미는 어쩌면 그 질문을 멈추지 않는 데 있는지도 모른다. 매 순간 숨을 쉬고, 무언가를 바라보고, 또 누군가와 연결되는 그 시간들 속에서 우리는 계속해서 우주를 노래하고 있다. 이 우주 오페라의 주인공이 바로 우리라는 사실을 기억한다면, 삶은 매일 새로운 선율로 빛날 것이다.

기적은 거창한 것이 아니다. 지금 이 글을 읽는 한 순간, 따스하게 손끝에 감도는 온기에도, 창밖을 스치는 빗방울 소리에도, 혹은 그저 숨쉬며 존재한다는 사실 그 자체에도 기적은 깃들어 있다. 그러니 오늘 하루를 살아가라. 천천히, 정성껏, 그리고 경이롭게. 지금 이 순간, 우리는 우주의 눈이며, 시간의 목소리이며, 생명의 아리아다. 우리가 숨 쉬는 그 자체가, 이 우주에서 단 하나뿐인 노래다.

아내의 김치 맛

늦가을, 찬바람이 논두렁을 타고 내려와 마을을 감싼다. 햇살은 아직 포근하지만, 손등을 스치면 얼핏 서릿발이 내린 듯 시려왔다. 그 바람 속에 서 있던 배추밭은 이미 겨울을 준비하고 있었다. 서리 맞은 배추 잎사귀는 바스락 소리를 내며 서로 부딪히고, 흙 속에 단단히 뿌리 내린 줄기는 묵묵히 계절을 견뎌내고 있었다. 속살이 단단히 여문 배추를 칼로 쪼개면 하얗게 빛나는 결 사이로 은근한 단내가 터져 나온다. 그 향이 폐부 깊숙이 스며들 때면, '올해도 김장의 때가 왔구나' 하고 마음이 저려온다.

부엌은 분주하다. 아내는 소금을 뿌려 절인 배추를 커다란 대야에 차곡차곡 쌓아 올린다. 붉은 고춧가루가 담긴 양푼 옆에는 채썬 무가 소복이 쌓여 있고, 다진 마늘과 생강이 어우러져 자극적인 향을 내뿜는다. 액젓 한 국자를 붓는 순간, 은근히 풍기는 바다 냄새가 부엌을 가득 채운다. 겨울이 다가올수록 집 안은 늘 이런 진한 냄새로 가득하다.

아내의 손끝은 쉼 없이 움직인다. 붉은 양념이 손가락 사이사이를 적시고, 배춧잎을 한 장 한 장 벌리며 무채와 양념을 정성스레 채워 넣는다. 그 모습은 마치 하얀 캔버스에 붉은빛을 수놓는 화가 같다. 김치가 완성되는 순간, 부엌은 어느새 겨울을 맞는 성대한 무대가 된다.

그 광경을 보고 있노라면 언제나 어린 시절의 겨울로 되돌아간다. 어머니의 김장은 늘 품앗이로 이루어졌다. 마을 아주머니들이 삼삼오오 모여들어 솥단지와 항아리를 둘러싸고 이야기꽃을 피웠다. 새벽녘 아궁이에 불을 지피느라 집 안은 연기로 가득 차곤 했다. 나무 타는 냄새와 김이 서린 부엌에서, 어머니는 굵은 땀방울을 흘렸다. 그 땀방울이 고춧가루와 소금기에 뒤섞여, 배춧속에 정성으로 스며들었던 것이리라.

장독대는 늘 겨울을 준비하는 엄숙한 공간이었다. 높직한 곳 위에 줄지어 놓인 항아리들이 묵묵히 계절을 기다리고 있었다. 항아리 뚜껑을 열면 갓 담근 김치의 풋풋한 향이 코끝을 간질였고, 시간이 흐르며 그 향은 차츰 시원하고 깊은 발효의 맛으로 변해 갔다. 장독대 옆에 서 있으면 땅속에서 무언가 숨쉬는 듯한 기척이 전해졌다. 그것은 발효라는 생명의 움직임이었다.

밥 한덩이에 가닥 김치 척척 걸쳐서 먹으면, 아삭한 소리와 함께 입안 가득 시원한 감칠맛이 퍼졌다. 젓갈의 짭짤한 맛, 고춧가루의 매운 기운, 배추 속살의 단맛이 어우러져 탄생한 조화. 그 맛은 단순히 반찬이 아니었다. 가족을 살리고 지탱하던 어머니의 삶, 그분의 인내와 기다림이 녹아든 맛이었다.

결혼 후 처음 맞은 겨울, 아내가 담근 김치를 맛보았을 때 나는 잠시 멈칫했다. 손맛이 부족한 것이 아니었다. 충분히 맛있었지만, 내가 알던 어머니의 맛은 없었다. 젓갈의 깊은 맛 대신 사과와 배를 갈아 넣은 듯 은근한 단맛이 배어 있었고, 간도 순한 편이었다.

그 작은 차이가 처음에는 낯설게 다가왔다. 어머니의 김치에 길든 혀끝은 새로운 맛을 쉽게 받아들이지 못했다. 그러나 세월이 흘러 깨달았다. 김치 맛이 집마다 달라야 한다는 것을. 그 차이는 곧 그 집의 삶이고, 그 집의 이야기가 된다.

아이들이 자라면서 그것은 더욱 분명해졌다. 둘째가 김치를 집어 먹으며 "엄마 김치가 세상에서 제일 맛있어."라 말할 때, 나는 묘한 깨달음을 얻었다. 어머니의 김치가 내 입맛을 길들였듯, 아내의 김치가 아이들의 혀끝에 새겨지고 있었다. 김치 맛은 세대마다 다른 발효를 거쳐 전해진다. 어머니의 김치가 뿌리였다면, 아내의 김치는 가지와 잎이 되고, 아이들의 기억 속 김치는 언젠가 또 다른 열매가 될 것이다.

김치는 단순한 음식이 아니다. 그것은 기다림의 철학이자, 나눔의 언어다. 배추를 소금에 절이는 일은 곧 인내를 배우는 과정이다. 처음엔 단단하던 잎이 소금에 스며들며 차츰 부드러워지듯, 사람도 세월에 절여지며 마음이 무르게 변한다. 젓갈은 더 극적이다. 한 생명의 몸을 온전히 내어주는 희생이 없이는 김치의 깊은 맛이 날 수 없다. 발효의 세계는 언제나 내어줌과 기다림으로 완성된다.

인생 또한 발효의 시간 속에 있다. 사랑도, 관계도 하루아침에 무르익지 않는다. 때로는 간이 덜 맞아 풋내가 나기도 하고, 때로는 지나쳐 신맛이 강하기도 하다. 그러나 시간이 지나면 모든 것이 제자리를 찾는다. 발효가 끝난 김치에서만 느낄 수 있는 감칠맛처럼, 인생도 기다림을 견뎌낸 후에야 비로소 깊은 맛을 낸다.

요즘 세상은 너무도 빨리 변한다. 대형 할인점에서는 사계절 내내 포장김치를 팔고, 김장하지 않는 집도 늘었다. 편리함은 유혹적이지만, 그 속에서 김장의 의미가 희미해지는 건 아닐까.

다시 생각해 본다. 김치의 본질은 꼭 담그는 방식에만 있지 않다. 중요한 것은 그 속에 담긴 마음이다. 시간을 들이고, 손끝을 내어주고, 가족을 위해 정성을 쏟는 마음. 아내가 배추를 버무리며 흘리는 땀방울 속에, 나는 여전히 어머니의 그림자를 본다. 방식은 달라졌어도 마음은 이어지고 있었다.

손주들이 자라 어른이 되었을 때, 그들 역시 "엄마 김치가 최고였지." 하고 말할 것이다. 김치 한 조각에 깃든 세월은 그렇게 발효된 기억으로 세대를 이어줄 것이다.

나는 오늘도 밥상 앞에서 아내의 김치를 집어 든다. 입안 가득 퍼지는 맛 속에서 어머니의 손길을 느끼고, 아이들의 미래를 본다. 김치는 단순한 반찬이 아니라 세대를 잇는 언어다. 발효의 시간 속에서 사랑이 무르익고, 삶이 깊어진다.

김치의 참맛은 혀끝에 머무는 것이 아니라 마음에 남는다. 어머니의 김치가 과거의 나를 지탱했고, 아내의 김치가 오늘의 나를 살리며, 아이들의 김치가 내일의 세상을 이어갈 것이다. 김치는 결국 사랑의 발효다. 기다림 속에서 무르익는 인생의 맛, 세대를 이어주는 기억의 맛. 그것이 김치가 가진 진정한 힘이며, 우리가 잊지 말아야 할 삶의 언어다.

경계 너머의 사랑

창가에 놓인 작은 유리 어항을 가만히 들여다본다. 그 투명한 공간 속에서 붉은빛 금붕어가 어김없이 벽을 따라 맴돌고 있다. 물속에서 자유로이 유영하는 듯 보이나, 사실은 손바닥만 한 유리벽에 둘러싸인 작은 세계 안에서 끝없이 궤적을 그릴 뿐이다. 때로는 벽에 부딪힐 듯 힘껏 돌진하다 아슬하게 방향을 틀고, 때로는 물방울 사이를 느리게 헤엄치다 아련히 멈춰 서기도 한다.

내 눈에는 그저 투명한 유리일 뿐이나, 금붕어에게 그 벽은 세상의 막다른 골목일지도 모른다. 혹 그것을 숨 막히는 감옥이라 여긴다면, 금붕어는 자신을 보호하는 따스한 울타리의 의미를 영영 알지 못할 것이다.

어항 밖의 세상은 금붕어의 가녀린 생명을 순식간에 앗아가는 차가운 죽음이기에, 이 유리 벽이야말로 그 작은 생명을 지켜주는 견고한 울타리임을, 금붕어는 과연 아는가.

문득, 인간의 삶 속에 드리워진 수많은 경계 또한 그러하지 않은가 하는 생각이 잔잔한 파문처럼 마음속에 일렁인다. 길가를 따라 박혀 있는 무심한 경계석, 차도와 인도를 가르는 한 줄의 하얀 선, 학교의 규칙, 가정 안의 은밀한 약속, 그리고 사회를 지탱하는 굳건한 법률… 겉으로 보기엔 모두 우리를 옥죄는 제약처럼 느껴지기도 한다. 하지만 그 속을 깊이 들여다보면, 그것들은 서로 부딪히지 않고 공존하게 하는 섬세한 장치이자, 모두의 안전과 평화를 조용히 보장하는 든든한 울타리임을 깨닫게 된다.

어느 날 어린 손주와 함께 거리를 걷다가 이 경계의 의미를 새삼 온몸으로 실감하였다. 분주한 도로 옆 인도를 걷던 손주가 신호등이 파란불로 바뀌기도 전에 성큼 도로로 뛰어들려던 찰나, 내 심장은 순간 철렁 내려앉았다. 나는 본능적으로 아이의 작은 손을 꽉 움켜쥐어 잡아당겼다. 경계석 위에 멈춰 선 아이는 울먹이며 “왜 못 가게 해?”라고 서러운 투정을 부렸다. 그 맑은 눈망울 속에는 자유를 가로막힌 듯한 해맑은 억울함이 가득하였다. 그러나 그 울음 뒤에 숨어 있는 것은, 아이가 아직 알지 못하는 세상의 아찔한 위험이었다. 나는 아무 말 없이 아이를 품에 안았다. 따스한 체온 속에서 생각하였다. 경계는 누군가의 자유를 빼앗으려 세워진 것이 아니라, 한 생명, 나아가 더 큰 생명들을 지켜내려 존재한다고 말이다.

오랜 전통 속에서 면면히 내려오는 종교적 규범 또한 마찬가지이다. 십계명은 인간을 억압하기 위한 차가운 족쇄가 아니라, 우리가 자유롭고 조화롭게 살아가도록 이끄는 오래된 지혜였다. '살인하지 말라', '도둑질하지 말라', '거짓으로 증언하지 말라', '탐내지 말라'는 말씀은, 무한한 인간의 욕망이 서로를 무참히 해치지 않도록 막아주는 최소한의 따뜻한 울타리였다. 하지만 사람들은 종종 이 울타리를 단순한 금지 목록으로만 여기곤 한다. 그래서 그 울타리를 넘어서고 싶고, 아슬아슬하게 시험해 보고 싶은 원초적인 욕망에 끝없이 흔들리기도 한다.

성경 속 한 장면을 가만히 떠올려 본다. 어느 날, 광장 한가운데에 율법을 어겼다는 이유로 한 여인이 끌려왔다. 군중은 그녀를 향해 비난의 돌멩이를 움켜쥐고 있었다. 분노와 경멸이 그들의 얼굴에 시퍼렇게 서려 있었고, "돌로 쳐야 한다!"라는 잔인한 목소리가 공기를 메웠다. 그 순간, 예수가 앞으로 나서서 조용하지만 단호하게 말하였다. "너희 중 죄 없는 자가 먼저 돌을 던지라."

순간, 광장을 뒤덮었던 맹렬한 비난의 물결은 거짓말처럼 고요해졌다. 처음에는 작게, 이내 크게, 누군가의 손에서 돌이 툭, 하고 떨어지는 소리가 메아리쳤다. 그리고 또 다른 돌이 땅을 구르며 스르륵 멀어져 갔다. 사람들의 눈빛은 흔들렸고, 비난으로 가득했던 얼굴은 이내 부끄러움과 회한으로 물들었다. 그 누구도 감히 '나는 죄 없다' 말할 수 없었다. 결국 군중은 하나둘씩 돌을 내려놓고 침묵 속에 조용히 떠나갔다. 그 장면은 단순히 한 여인의 목숨을 살린 사건이 아니었다. 그것은 경계의 진정한 의미를 찬연하게 드러내는 순간이었다. 율법은 처벌이 아니라, 사랑을 지키기 위한 고귀한 울타리였으며, 그날의 용서 선언은 경계가 품고 있는 참된 본질이었음을, 그제야 비로소 알게 된 것이었다.

오늘날 우리의 삶 속에도 여전히 수많은 경계가 거미줄처럼 촘촘히 존재한다. 직장에서 마땅히 지켜야 하는 규칙들, 가족 간의 보이지 않는 신뢰의 끈, 사회가 우리에게 요구하는 엄정한 법규, 그리고 공동체를 지탱하는 윤리의 가르침까지… 때로는 그것들이 너무나 빽빽하게 우리를 둘러싸 숨이 막히는 족쇄처럼 느껴질 때도 있다. 하지만 그 단단해 보이는 경계 안에는 언제나 서로를 아끼고 살리려는 따스한 마음이 고동치고 있다. 법이 없다면, 신뢰가 무너진다면, 윤리가 사라진다면 우리는 결국 탐욕의 소용돌이에 휘말려 서로를 잔인하게 파괴하게 될 것이다.

나는 신앙 공동체 안에서도 이러한 경계를 참된 사랑으로 경험하였다. 어느 주일 예배 때였다. 아이들이 장난치다가 실수로 찬송가 책을 바닥에 떨어뜨렸다. 부모님 눈치를 보며 주춤하는 아이에게, 옆에 앉아 있던 노인이 미소 지으며 직접 책을 주워 건네주었다. 그 따뜻하고 부드러운 손길 속에서 나는 깨달았다. 규율은 단순히 아이를 제지하기 위해 존재하는 것이 아니라, 함께하는 모든 이들을 존중하고 사랑하게 하는, 마음으로 지키는 더 큰 울타리라는 사실을 말이다.

하지만 나약한 인간은 끊임없이 그 울타리를 시험하려 한다. 끝없는 욕망은 늘 우리를 달콤하게 유혹하고, 어리석은 자만심은 언제나 경계를 무너뜨리려 한다. 빨강 신호등 앞에서 주위를 살피며 서둘러 건너는 행인처럼, 우리는 때로 규범을 가볍게 여기고 자신을 스스로 아슬아슬한 위험에 빠뜨린다. 그러나 우리를 지으신 하나님께서 진정 바라시는 것은 돌을 들어 심판하는 행위가 아닐 것이다. 오히려 서로의 허물을 넓은 마음으로 끌어안고, 먼저 화해의 손을 내미는 숭고한 사랑일 것이다.

젊은 시절의 나 또한 경계와 규범을 답답한 족쇄로 여긴 적이 많았다. 신앙은 나를 얽매는 것 같았고, 가정의 가르침은 소중한 자유를 빼앗는 것 같았다. 그러나 긴 시간이 흐르며 비로소 깨달았다. 그 모든 울타리가 나를 든든히 지키고 있었기에 내가 더 큰 파멸로부터 안전할 수 있었다는 것을 말이다. 부모님의 따뜻한 꾸짖음이 있었기에 인생의 길을 잃지 않았고, 교회의 흔들림 없는 가르침이 있었기에 넘어져도 다시 일어설 수 있었으며, 사회의 공정한 법이 있었기에 탐욕스러운 욕망에 무너지지 않았다. 결국 그 모든 울타리는 나를 억압하려던 것이 아니라, 나를 향한 깊은 사랑이었음을 지금은 안다.

경계는 단절이 아니라, 모든 존재를 이어주는 연결의 다른 이름이었다. 타인을 향한 깊은 존중이자, 우리 자신을 위한 사려 깊은 배려였다. 이 경계가 없다면 세상은 무절제한 욕망이 무자비하게 충돌하는 혼돈으로 무너지고 말았으리라. 그러나 경계를 올바로 이해하고 존중할 때, 우리는 비로소 그 안에서 진정한 자유와 평화의 의미를 발견하는 것이었다. 돌이켜보면, 우리 삶의 매 순간은 선택의 연속이었다. 비난의 돌을 던질 것인가, 아니면 상대를 감싸안는 따뜻한 이해의 손길을 내밀 것인가. 이 선택의 저울은 항상 우리 자신의 손에 달려 있었다.

다시금 창가의 어항을 바라본다. 붉은 금붕어는 여전히 유리 벽을 따라 헤엄치며 그들만의 세상 끝을 마주하고 있다. 이제 그 투명한 벽은 차가운 억압이 아니라, 가녀린 생명을 품어 안은 따스한 보호막임을 깨닫는다. 우리의 삶 또한 이와 다르지 않으리라. 수많은 경계 속에서 자라나는 것은 결코 억압이 아니라, 순도 높은 사랑이었다. 그 사랑의 참된 의미를 온전히 깨달은 우리는, 이제 비난의 돌 대신 서로의 눈을 마주하고 기꺼이 손을 맞잡는 용기를 가질 수 있다. 그리고 그 손끝에서 경계를 넘어선 진정한 사랑의 울림이 조용히 시작될 것이다. 우리의 삶은 그 울림 속에서 비로소 완성되는 것이 아닐까?

인간의 씨앗

차가운 새벽 공기가 창틈을 비집고 들어와 오래된 나무 탁자 위에 소리 없이 내려앉는다. 그 서늘한 고요 속, 마음 한구석에 맹자와 순자, 두 사상가의 목소리가 마른 잎 스치는 듯 잔잔히 스며든다. "인간은 본래 선한가, 아니면 악한 존재인가. 이 시대를 초월하는 영원한 물음은, 실은 완벽한 정답을 찾아 헤매는 것이 아니라 우리가 이 삶이라는 긴 여정을 어떻게 가꾸어 나갈 것인가를 묻는 묵직한 초대장 같다.

맹자는 인간의 마음 가장 깊은 곳에 이미 따뜻한 씨앗이 심겨 있다고 부드럽게 속삭였다. 아기의 살결처럼 보드라운 그 씨앗들, 즉 측은지심, 수오지심, 사양지심, 시비지심은 계산도 없이 타인의 아픔에 짠한 연민을 느끼게 하고, 자신의 잘못 앞에서는 얼굴을 붉히는 뜨거운 부끄러움을 선사하며, 옳고 그름을 칼날같이 가려내는 명징한 판단력을 지닌다.

어린아이가 우물에 빠지려 하는 찰나를 목격했을 때, 우리는 이성적 판단이 채 이루어지기도 전에 심장이 쿵 하고 내려앉는 경험과 함께 무의식적으로 손을 뻗어 구하려 든다. 그 순간 솟아나는 본능적인 선함이야말로 맹자가 말하는 인간 본연의 맑고 투명한 빛이다. 그는 그 빛을 굳게 믿었고, 만일 우리가 그 씨앗에 사랑과 보살핌이라는 황금빛 햇살을 아낌없이 쏟아준다면, 우리는 봄을 맞아 화려하게 만개하는 꽃처럼 아름다운 인격을 완성할 수 있을 것이라 믿었다. 그의 목소리는 언제나 따뜻한 꿀물처럼 감미로웠다.

하지만 순자는 그 눈부신 빛의 뒷면에 짙게 드리워진 그림자를 예리하게 꿰뚫어 보았다. 그는 인간이 태어날 때부터 해소되지 않는 목마름과도 같은 욕망, 그리고 견고하게 자리 잡은 이기심을 품고 있다고 경고했다. 통제되지 않는 이 욕망은 마치 메마른 들판을 덮치는 걷잡을 수 없는 들불과 같아서 모든 것을 한순간에 잿더미로 만들어 버릴 수 있다고 했다. 그리하여 그는 '예(禮)'라는 정교하게 짜인 비단과 '법(法)'이라는 단단한 쇠붙이 울타리를 세워야만 한다고 역설했다. 그의 목소리는 날카로운 면도날처럼 차가웠지만, 무질서 속에서 길을 잃지 않도록 이끄는 굳건한 나침반과도 같았다.

나는 이 두 거인의 시선 사이에서 때로는 마른 가지처럼 휘청이며 흔들리기도 한다. 어느 날은 혼잡한 출근길 지하철 안에서 무거운 짐을 든 노인에게 아무 말 없이 자리를 양보하는 청년의 뒷모습을 보며 맹자의 따스함에 고개를 끄덕인다. 하지만 또 다른 날에는 자신의 이익을 위해 타인을 거리낌 없이 해치는 사람들의 이야기를 접하며, 마른침이 꿀꺽 넘어갈 만큼 순자의 냉혹한 현실론에 고개를 떨군다.

어쩌면 우리는 선과 악, 이 두 가지 상반된 씨앗을 동시에 품고 태어나는 존재인지 모른다. 우리의 마음속에는 맑고 투명한 샘물과 탁하고 어두운 진흙탕 물이 동시에 흐르고 있는지도 모른다. 진실로 중요한 것은, 이 수많은 씨앗 가운데 어떤 씨앗에 더 많은 따스한 물과 포근한 햇살을 쬐어줄 것인가, 그리고 어떤 씨앗을 차가운 눈빛으로 경계하며 솎아낼 것인가를 끊임없이 선택하는 삶의 태도일 것이다. 선한 마음은 가만히 둔다고 하여 저절로 무럭무럭 자라나지 않는다. 무관심이라는 메마른 잡초와 편리함이라는 얽히고설킨 덩굴에 금세 뒤덮여 버릴 것이기에, 우리는 매일, 어쩌면 매 순간, 자신을 깊이 성찰하며 내면에 피어나는 작은 선의 불꽃을 꺼뜨리지 않기 위해 애써 노력해야 한다.

맹자는 인간이 지닌 무한한 가능성과 내면의 찬란한 빛을 역설하였고, 순자는 그 눈부신 가능성이 현실 속에서 조화롭게 만개하기 위한 엄격한 조건들을 제시하였다. 맹자의 따뜻한 목소리가 우리 각자의 마음속에 따스한 불씨를 지펴 올린다면, 순자의 날카로운 목소리는 그 소중한 불씨가 무고한 다른 이들을 태우거나 해치지 않도록 견고한 돌담을 쌓는 지혜를 건네준다. 이처럼 상반되어 보이는 두 가지 시선을 모두 품고 살아가는 것, 빛과 그림자의 섬세한 줄타기 위에서 흔들리며 나아가는 것, 그것이 바로 인간으로서 우리에게 주어진 숭고한 숙명일지도 모른다.

아침 햇살이 다시 창을 넘어 손끝에 선명하게 내려앉는다. 나는 완벽하게 순수한 선인도, 또한 절대적인 악인도 될 수 없을 것이다. 하지만 나는 굳게 믿는다. 우리는 언제나 선을 향해 한 걸음 더 나아갈 수 있는, 아주 작지만 온몸에 불꽃을 머금은 존재라는 것을. 그러니 오늘도 어둠이 깃든 그림자와 따스한 빛이 교차하는 삶의 길 위에서, 작은 용기를 내어 다시 한 걸음 내디뎌 본다.

밤의 목소리, 내면의 교향곡을 듣다

낮이 숨을 고르듯 물러나고, 어둠이 도시 위로 부드럽게 번지면 세상은 점차 낯선 얼굴을 드러낸다. 노을마저 저 멀리 물러나고 마지막 햇살이 지붕을 넘어가면 비로소 세상은 깊은 고요 속으로 잠긴다. 바로 그때가 진정한 밤의 시작이다.

사람들은 흔히 밤을 단순히 하루의 끝이라 여긴다. 그러나 나에게 밤은 시작이다. 낮의 소란스러운 언어가 사라진 뒤에야 비로소 들리는 목소리가 있기 때문이다. 창문을 열면 바람의 결이 살짝 달라지고, 풀벌레의 울음은 고요를 뚫고 귓속 깊이 스며든다. 어떤 날에는 적막이 더욱 선명하게 다가오기도 한다. 그 침묵의 심연 속에서, 흐릿했던 나를 또렷이 마주한다.

밤은 단순한 어둠이 아니다. 그것은 무수한 색깔을 가진 목소리의 세계이며, 그 안에는 인간의 내면이 투영된다. 나는 종종 밤의 이 목소리에 귀 기울여 왔고, 그 속에서 잊고 있던 삶의 결을 다시금 어루만지곤 했다.

밤은 계절마다 다른 소리를 품고 있다. 봄밤엔 갓 돋은 잎새 사이로 바람이 속삭인다. 그 숨결은 연하고 투명하여, 생명의 약동처럼 가슴을 두드린다. 여름밤이면 달빛 아래로 매미와 풀벌레가 끝없는 합주를 벌인다. 열기 속에서 지친 마음도 그 소리에 씻기어 차분해진다. 가을밤에는 바람 소리마저 쓸쓸하게 다가온다. 먼 산등성이를 넘어오는 바람 소리와 하늘 높이 걸린 달빛 아래 흩날리는 낙엽의 마른 소리가 그렇다. 겨울밤은 한층 더 깊어진다. 바람조차 숨을 죽인 듯 고요하고, 눈이 내리면 세상은 순백의 침묵으로 뒤덮인다.

이렇듯 밤은 언제나 음악처럼 다가온다. 때로는 장엄한 오케스트라 같고, 때로는 한 줄의 가느다란 바이올린 선율처럼 여린 속삭임이 된다. 낮에는 잘 들리지 않던 나의 심장 소리조차 밤에는 선명하게 다가온다. 그 소리는 나를 감싸안으며, 조용히 묻는다.
'지금, 너는 어디쯤 서 있니? 네가 향하고 싶은 길은 어디인가?'

나는 어린 시절, 시골집 마당에서 밤하늘을 올려다보며 별을 세곤 했다. 수없이 많은 별빛은 내 마음을 설레게 했고, 그 아래서 나는 세상은 끝없이 넓고 삶은 무한히 가능하다고 믿었다.

청년기의 밤은 달랐다. 책상 위에 엎드려 불안과 희망을 동시에 안고 밤을 새우곤 했다. 책장은 높아졌지만, 생각은 갈피를 잡지 못했다. 그러나 정적 속에서 꾸준히 자신을 붙잡을 수 있었던 건, 바로 그 불면의 밤들이었다.

성인이 되어서는 밤의 의미가 또 다른 모습으로 다가왔다. 불면으로 뒤척이는 밤, 나는 내 안의 그림자를 마주해야 했다. 낮에는 밀어내던 두려움과 결핍, 상실감이 밤이 되면 어김없이 찾아왔지만, 그 어둠과 마주한 뒤에야 비로소 더 깊은 나를 발견할 수 있었다.

역사의 위대한 인물들 또한 밤 속에서 내면을 갈고닦았다. 추사 김정희는 옥중의 긴 밤을 글씨로 다듬고 사유하며 견뎌냈고, 그의 침묵은 붓끝에 실려 영혼을 단련하는 선율이 되었다. 도연명은 달빛 아래 고요히 술잔을 기울이며 삶의 무상함을 노래했다. 이렇듯 그들의 밤이 남긴 울림은 나의 고요한 시간과 은밀하게 겹친다.

밤은 인간에게 두 얼굴을 보여준다. 한쪽은 고독과 두려움이고, 다른 한쪽은 창조와 치유다. 많은 시인과 화가, 사상가가 밤의 정적 속에서 가장 빛나는 영감을 얻었다. 반 고흐가 그린 「별이 빛나는 밤」은 그의 내면에 있는 소용돌이와 밤하늘의 웅대한 울림이 조화를 이룬 산물이었다.

하지만 현대 도시의 불빛은 우리의 귀와 눈을 무디게 만든다. 네온사인의 번쩍임 속에서 우리는 진정한 어둠을 잃었고, 그로 인해 내면의 목소리마저 잊어버렸다. 소음 속에서는 내면의 미세한 떨림조차 금세 사라져 버리기 때문이다. 그렇기에 더욱, 밤이 주는 고요와 목소리를 회복하는 일이 절실하다.

밤은 낮의 피로를 씻어낼 뿐 아니라, 내일을 준비하게 한다. 고독 속에서 사유하고, 침묵 속에서 자기 자신과 화해하는 시간. 그것이야말로 낮을 살아갈 힘을 준다.

나는 종종 밤을 하나의 교향곡에 비유한다. 다양한 악기가 서로 다른 선율을 내듯, 바람과 벌레 소리, 침묵과 심장의 박동이 어울려 거대한 합주를 만든다. 그 속에서 인간은 비로소 자기 존재를 확인한다.

밤이 있기에 낮이 선명하고, 어둠이 있기에 빛이 소중하다. 마찬가지로 고독이 있기에 우리는 사랑을 더 갈망하게 된다.

오늘도 나는 창을 열고, 밤의 숨결에 귀를 기울인다. 그 소리는 바깥에서 들려오지만, 동시에 내 안에서도 울린다. 이 교향곡을 들을 수 있다면, 삶은 언제나 다시 시작될 수 있다. 밤은 끝이 아니다. 그것은 내일을 여는 서곡이며, 침묵과 소리, 두려움과 위안이 어우러진 심연 속에서, 나는 다시 희망의 발걸음을 내디딘다.

미래라는 숲을 걷는 시간

미래는 어느 날 갑자기 다가오지 않는다. 그것은 이미 우리 곁에 머물고 있다. 단지 아직 자라지 않은 씨앗, 혹은 땅속에 묻힌 묘목일 뿐이다. 나는 그 묘목이 자라 숲을 이루는 모습을 가끔 상상해 본다. 키 큰 나무들이 하늘을 향해 뻗고, 가지 사이로 햇살이 스며드는 풍경을. 바람이 불면 나뭇잎이 바스락거리고, 그 길을 걷는 사람들의 생각은 각기 다른 시간을 향해 흘러간다.

우리가 '미래'라고 부르는 것은 실은 오늘의 작은 변화들이 축적된 결과다. 2016년, 인공지능 '알파고'가 바둑 기사 이세돌 9단을 이겼을 때, 사람들은 놀라움을 넘어 공포를 느꼈다. 그때만 해도 인공지능은 SF 영화 속 이야기처럼 멀게만 느껴졌지만, 지금은 일상의 깊숙한 곳까지 들어와 있다.

스마트폰 속 음성 인식 기능, 뉴스 앱의 추천 알고리즘, 자율주행 차량의 조향 시스템까지. 우리는 이미 인공지능이 만들어낸 판단에 의존해 살아가고 있다. 집 안의 로봇청소기는 바닥을 스스로 익히고, 의료 현장에서는 인공지능이 암세포를 판독한다. 공장에선 로봇이 사람 대신 조립을 하고, 농촌에서는 드론이 밭을 순찰하며 물을 준다.

미래 기술은 특정 영역에 머무르지 않는다. 로봇 공학은 산업과 의료를 넘나들고, 생명공학은 유전자 편집 기술로 난치병 치료의 가능성을 넓히고 있다. 인간의 뇌와 컴퓨터를 연결하는 기술도 빠르게 개발 중이다. 브레인-컴퓨터 인터페이스(B.C.I)는 생각만으로 휠체어를 움직이게 하고, 중증 마비 환자의 의사 표현을 돕는다. 지금은 실험실 수준이지만, 상용화까지는 머지않아 보인다.

나는 가끔 상상한다. 앞으로 30년 뒤, 우리는 어떤 세상에 살고 있을까.

화면이 없는 세상. 손으로 무언가를 들지 않아도 되는 시대. 가상현실 안에서 업무를 보고, 몸속에 이식된 생체 칩이 건강 정보를 실시간으로 병원에 전송한다. 그 정보는 인공지능이 분석하고, 의사는 그 결과를 바탕으로 치료 방향을 제시한다.

학교의 교실은 더 이상 네모난 칠판과 책상으로 구성되지 않을지도 모른다. 학생들은 가상 교실에서 각자의 속도에 맞춰 학습하고, 교사는 데이터 기반 피드백을 제공한다. 언어는 실시간 번역

기기로 장벽을 잃고, 전 세계 학생이 하나의 공간에서 토론을 벌인다.

에너지원도 달라질 것이다. 핵융합 발전이 상용화된다면, 더 이상 화석연료를 태울 필요가 없어진다. 태양처럼 스스로 에너지를 만들어내는 방식. 쓰레기를 줄이고 탄소 배출 없는 전력 생산은 기후 위기 대응에 큰 역할을 할 것이다.

식량 문제는 어떻게 될까? 나노 기술은 공기 중 수분을 모아 식수를 만들고, 세포 단위의 합성육은 축산업의 자리를 대체할 것이다. '배양육'이라는 말이 낯설던 때는 벌써 과거다. 벌써 몇몇 국가에서는 배양육 식당이 등장했고, 그 맛은 전통 고기와 큰 차이가 없다.

우주 탐사 역시 현실의 문제다. 국제 우주기지에는 상주 인원이 늘고 있으며, 민간 기업들이 화성 이주 계획을 가속화하고 있다. 화성은 극지방의 얼음을 이용해 정수 시스템을 구축하고, 태양광 패널로 에너지를 얻는다. 토양 개량을 통해 식물 재배를 시도하고 있고, 20~30년 안에 실질적 정착지가 들어설 가능성도 높아졌다.

하지만 기술이 가져다주는 미래가 언제나 환상적인 것은 아니다. 기술의 발전은 새로운 문제를 동반한다. 안면 인식 기술의 오작동으로 무고한 시민이 체포된 일도 있었다. 인공지능이 만든 이미지가 사실처럼 유통되는 '딥페이크' 문제는 정치, 언론, 사생활을 위협한다. 로봇이 일자리를 대체하면서 기본소득이 대안으로 논의되지만, 그 분배가 공정할 수 있을지는 여전히 불투명하다. 인간이 설계한 기술은 결국 인간의 결을 따라가기 마련이다.

나는 아침마다 집 앞 공원을 걷는다. 흙길 양옆으로 키 작은 묘목들이 서 있다. 눈에 띄게 크지 않지만, 작년보다 훌쩍 자란 모습을 보면 놀랍다. 그 나무들은 한 계절의 바람과 빛, 비와 시간 속에서 천천히 성장했다. 내가 본 미래도 그러하다. 어느 날 갑자기 나타나는 것이 아니라, 오늘의 선택과 행동이 쌓여 점점 자라나는 것.

오늘 우리가 사용하는 기술, 오늘 우리가 생각한 질문들, 오늘 우리가 지켜낸 윤리 하나가 내일을 만든다. 묘목을 심는 일은 단순하지만 성실해야 한다. 햇빛이 들도록 가지를 쳐야 하고, 가뭄이 오면 물을 주어야 한다. 미래도 마찬가지다. 선택하고, 관리하고, 책임져야 한다. 그 모든 손길이 모여 하나의 숲이 된다.

나는 믿는다. 지금 우리가 가진 상상력과 성실함이 언젠가는 아름다운 미래를 이룰 수 있다고. 그 미래는 더 긴 수명이나 편리한 기술뿐만 아니라, 인간다운 온기를 담은 세상일 것이다.

그날이 오면, 그 숲을 걷고 싶다. 나만의 상상에서 심은 나무들이 자라 서로 어깨를 맞댄 그 길 위를. 바람이 불어 나뭇잎을 흔들고, 햇살이 잎 사이로 쏟아지는 그 순간을. 그 옆을 누군가 조용히 걸어가고, 나는 생각할 것이다. 지금 이 순간이, 그가 상상했던 미래이기를.

나는 오늘을 성실히 살아갈 것이다. 미래는 지금 우리가 어떻게 사는가에 달려 있으므로. 그리고 언젠가, 누군가와 나의 상상이 그 숲 어귀에서 마주치기를.

알고리즘은 모르는 계절

새벽의 푸른 기운이 채 가시기도 전, 눈을 뜨자마자 손은 습관처럼 베갯머리를 더듬는다. 손끝에 닿는 차갑고 매끄러운 액정의 감촉. 엄지가 무심히 화면을 밀어 올리자, 밤새 쌓인 알림이 폭포수처럼 쏟아져 들어온다. 아직 정신이 깨어나기도 전에 6인치의 작은 세계는 오늘 내가 무엇을 보아야 하고 어떤 기분을 느껴야 할지를 친절하지만 강압적으로 주입한다. 몸은 이불 속에 있으나 하루는 이미 나의 의지와 상관없이 시작된다. 알고리즘이 차려준 밥상을 의심 없이 받아먹는 아침, 나는 내 삶의 주인인가 아니면 단순한 접속자인가.

한동안 이토록 '생각을 덜 해도 되는 삶'은 달콤했다. 내비게이션이 일러주는 가장 빠른 길은 안락했고, 취향을 분석해 자동으로 선곡된 음악은 귀에 설탕처럼 감겼다. 효율이라는 이름의 매끄러운 미끄럼틀 위에서 나는 힘들이지 않고 그저 흘러내리기만 하면 되었다. 그러나 어느 귀갓길, 차창 밖으로 스치는 풍경을 보며 문득 가슴 한구석에 서늘한 바람이 불었다. 오늘 하루, 나는 수많은 결정을 내렸으되 정작 '나'는 어디에 있었는가. 몸은 분주했으나 마음은 공터 같았다.

영화 〈업그레이드〉의 한 장면이 차창 밖 풍경 위로 겹쳐 보였다. 타인의 조종에 따라 기계처럼 움직이던 주인공의 몸, 그리고 그와 달리 공허하게 흔들리던 눈동자. 스크린 속 그 기괴한 불일치가 실은 나의 일상과 다르지 않음을 깨닫는 순간 소름이 돋았다. 나는 편리함이라는 마취제에 취해 선택의 권한을 시스템에 위탁해 버린 것은 아닐까. 길을 잃을 염려도, 돌부리에 걸릴 위험도 없는 이 완벽한 포장도로 위에서 내 사유의 근육은 서서히 무뎌지고 있었다.

그 무기력한 피로감을 떨치기 위해, 나는 가끔 의도적인 '불편'을 감행한다. 익숙한 사거리를 지날 때 내비게이션의 전원을 끄는 것이다. 차 안을 채우던 기계적인 안내 음성이 사라지면, 갑작스러운 정적과 함께 낯선 긴장이 핸들을 잡은 손으로 전해진다. 그때부터 비로소 세상이 내게 말을 걸어오기 시작한다.

지름길로 달릴 때는 보이지 않던 것들이 눈에 들어온다. 골목 어귀에 놓인 붉은 화분, 오래된 식당에서 흘러나오는 구수한 냄새, 횡단보도 앞에 잠시 멈춘 사람들의 표정들. 조금 돌아가는 길, 막히는 도로 위에서 나는 '속도'가 아닌 '밀도'를 느낀다. 몇 분 늦을지라도 내가 핸들을 꺾어 들어선 그 길에는 투박하지만 분명한 나의 의지가 바퀴 자국처럼 새겨진다.

기술은 우리에게 오차 없는 완벽함을 약속한다. 그러나 삶의 맛은 맹물 같은 완벽함보다는 떫고 거친 불완전함 속에 숨어 있다. 길을 잘못 들어 우연히 마주친 노을이 더 아름답듯, 실수와 망설임이라는 틈새에서 사유는 비로소 깊은 숨을 쉰다. "왜 이 길을 택했는가?"라는 질문을 스스로 던질 때, 납작했던 하루는 비로소 입체감을 얻는다.

오늘 밤도 나는 스마트폰을 멀찍이 밀어두고 하루를 복기한다. 알고리즘이 골라준 정보가 아니라, 내가 멈춰 섰던 풍경과 내가 망설였던 순간들을 떠올린다. 비록 서툴고 느릴지라도 내 손으로 직접 빚어낸 시간만이 진짜 내 삶이 됨을 믿기 때문이다.

완벽하게 통제된 세상의 틈새를 비집고, 나는 기꺼이 조금 덜 효율적이고 조금 더 불완전한 나를 선택한다. 그 투박한 빈자리에 비로소 나의 계절이 머물다 갈 수 있도록.

아름다운 마침표를 위하여

우리네 삶은 때론 예측 불가능한 한 편의 드라마다. 활짝 웃다가도 금세 눈물이 핑 돌고, 희망이 반짝이는가 싶으면 이내 시련이 그림자처럼 드리우기도 한다. 그러나 이 혼돈 속에서도 우리 삶에는 보이지 않는 거대한 질서가 존재한다. 마치 굽이치는 강물이 제 갈 길을 찾아 묵묵히 바다로 흘러가듯, 삶은 저마다의 완성을 향해 나아가는 여정과 같다.

심리학자 칼 융은 우리가 세상에 내보이는 페르소나와 내면에 감추어진 그림자 사이의 균형을 강조했다. 지나치게 외부에만 맞추다 보면 진짜 '나'를 잃을 수 있고, 반대로 그림자에만 갇히면 세상과 단절되기 마련이다. 진정한 자신을 찾아가는 과정은 이 둘 사이의 지혜로운 조율에서 시작된다. 가을비가 계절을 재촉하며 백일홍의 꽃잎을 더욱 단단하게 만들듯이, 삶의 질서 또한 저마다의 속도로 우리만의 마침표를 향해 흘러간다.

나는 가끔, 자기만의 길을 묵묵히 개척해 나가는 사람들을 떠올리곤 한다. 남들이 쉽게 시도하지 못할 선택을 과감히 해내고, 그 결과를 기꺼이 책임지는 이들. 편안함이라는 달콤한 유혹을 뿌리치고, 불확실한 미래 앞에 당당히 서는 용기를 가진 이들이다.

그들은 스스로에게 묻는다. "나는 지금, 내 삶의 주인공으로 서 있는가?" 이 물음은 단순한 결심이 아니라, 우리 삶을 뒤흔드는 가장 본질적인 깨달음일 것이다. 니체는 정육점 앞에 선 개를 비유하며 욕망에 관해 이야기했다. 우리는 어쩌면 매일 비슷한 갈림길 앞에 서 있는지도 모른다. 짖기만 할 것인가, 아니면 과감히 돌진할 것인가. 욕망 앞에서 주저하지 않고 온몸으로 부딪힌 자만이 비로소 그 '고기 맛'을 안다고 그는 말하지 않았던가.

삶은 그렇게 선택과 책임, 도전과 후퇴가 끊임없이 교차하는 과정에서 빚어진다. 그 선택을 스스로 내리고, 그 책임을 기꺼이 감당하는 힘. 그것이 바로 '주도력'이라 불리는 힘이 아닐까? 원심력도, 마찰력도 아닌, 오직 우리 인간에게만 허락된 가장 특별한 힘. 우리 삶 한가운데서 든든하게 균형을 잡아주는 중심의 힘 말이다.

만약 주도력이 없다면 인생은 늘 바깥바람에 흔들릴 수밖에 없을 것이다. 파도 위의 부평초처럼 이리저리 떠밀려 다니게 될지도 모른다. 하지만 주도력이 단단한 사람은 아무리 흔들려도 절대 침몰하지 않는다. 방향을 바꿀지언정 자신의 항로를 잃는 법이 없다. 한 번뿐인 소중한 인생, 내가 아닌 다른 사람의 손에 온전히 맡길 수는 없지 않은가.

이 주도력은 타고나는 것이 아니다. 날마다 자신을 되돌아보고, 상황을 냉철하게 파악하며, 사람을 진심으로 이해하려는 꾸준한 훈련 속에서 길러진다. 내 안의 진심에 자주 귀 기울이고, 외부의 시끄러운 소리에 휘둘리지 않으며, 거창한 이념보다는 지금 여기의 작고 구체적인 현실을 귀하게 여기는 일. 노자는 이를 '거피취차(去彼取此), 저 멀리의 이상보다 지금 여기의 삶을 택하라'라고 일렀다.

진정한 힘은 번쩍이는 성취에서만 나오는 것이 아니다. 겉으로 화려하지 않더라도 중심이 단단한 삶, 그런 삶이야말로 오히려 더 깊은 울림을 준다. 학벌, 돈, 지위처럼 겉으로 보이는 기준에 기대지 않고도, 나 자신만의 기쁨을 좇으며 살아가는 삶. 그것이 바로 고요하지만 강력한 주도력의 시작점일 것이다.

심리학자 미하이 칙센트미하이는 진정으로 '몰입'하는 순간, 즉 우리가 좋아하는 일에 흠뻑 빠져들 때 가장 행복하다고 말했다. 의무감에 갇힌 삶은 우리 영혼을 지치게 하지만, 스스로의 열정을 따라갈 때 우리의 내면은 생생하게 살아난다. 작은 씨앗이 싹을 틔워 거대한 나무로 자라나듯, 진정한 몰입은 삶에 예상치 못한 생명력과 깊은 변화를 가져다줄 것이다. 우리가 하는 작은 선택하나하나가 결국 우리 삶의 본질을 이루는 가지가 되는 법이다.

세상이 정해 놓은 길을 억지로 따르기보다, 내 안의 소리에 귀 기울이며 사는 삶. 눈에 보이는 겉모습 대신 내 감각과 직관을 믿고 걸어가는 삶. 이것이 바로 내 삶을 가장 '나답게' 만드는 확실한 방법일 것이다. 오롯이 나 자신을 이해하는 사람만이 타인을 진정으로 사랑할 수 있고, 타인을 품는 사람만이 자신의 삶을 더욱 넓고 풍요롭게 완성해 낼 수 있지 않겠는가.

때로는 넘어지고, 때로는 잠시 멈춰 설지라도, 다시 중심을 잡고 일어설 수 있는 힘. 그것이 삶을 완성하는 마지막 조각이 아닐까? 주도력은 곧 성찰이다. 자기 삶을 있는 그대로 마주할 용기, 그리고 나만의 방식으로 살아보겠다는 굳은 의지. 그러한 마음들이 차곡차곡 쌓여, 마침내 우리 삶의 마지막 페이지를 가장 아름다운 문장으로 채워주리라.

이제 나는 알 것 같다. 인생의 진정한 마침표는 밖에 있는 것이 아니라는 것을. 성공이나 명예, 남들의 인정이 아니라, '내가 지금 이 순간 어떤 마음으로 살아가고 있는가'가 중요하다는 것을. 거창한 변화를 좇기보다, 하루하루를 진심으로 살아가는 일. 그것이야말로 내 삶의 가장 조용하면서도 가장 강렬한 마침표가 되어줄 거라고 생각해 본다.

해설

자연에 대한 응시와 공생의 윤리 | 유인실(문학평론가)

| 해설 |

자연에 대한 응시와 공생의 윤리

– 이희석의 『생각이 머물다 간 자리』의 수필 세계

유인실(문학평론가)

1. 자기로의 회귀에서 타자로의 확장성을 꿈꾸는 작가

우리는 한 권의 책을 대할 때 습관적으로 이 작가는 어떤 생각으로 이 글을 썼을까, 무슨 말을 하고 싶은 것일까, 하는 생각을 먼저 떠올리게 된다. 그러한 생각을 품고 책을 들여다보면 그 작가만이 지닌 예사롭지 않은 장면들이 포착되곤 한다. 그런 장면들은 그 작가의 고유성을 드러내는 특징이라 할 수 있다. 이희석 수필가의 네 번째 수필집 『생각이 머물다 간 자리』는 "가장 오래 남는 것은 거대한 사건이 아니라 어느 날 문득 마음을 스치고 지나간 작은 장면들."('작가의 말')이라는 작가의 전언傳言처럼, '풍경의 새로운 발견'

이 주류를 이룬다. 다시 말하면 세월에 묻힌 지난 시절의 소소한 일상들은 이희석 작가의 프리즘에 의해 새롭게 지각됨으로써 환기되는 의미들의 발견인 것이다.

이희석 작가는 자신을 둘러싼 현실을 직시하며 따듯한 세상을 꿈꾼다. 그는 부단히 일상 속에 스민 마음의 풍경들을 건져 올려 새로운 의미를 창출해 낸다. 그의 이러한 과정에서 자신의 경험을 통해 기억을 재구성하되, '나'에 완전히 환원되는 데 그치지 않고, 존재의 근원을 이루는 사유로까지 확장되는 형식을 취한다. 이희석 수필이 이처럼 자신의 경험을 통해 삶을 재해석하는 보편적인 양식적 특성을 견지한다는 점에서 그의 수필을 읽는 독자는 그가 발견해 낸 풍경 속으로 자신의 경험을 투사(投射)하면서 존재와 삶의 의미를 묻게 될 것이다.

또한, 그의 수필을 읽는 것은 일차적으로 그의 삶을 들여다보는 일이기도 하지만, 작가의 문학적 역량에 의해 일상적 삶이 어떻게 문학이 되는가에 대한 새로운 감각으로 전이되는 경험에 이르는 일이기도 하다. 그러한 자각은 작가가 익숙해진 일상으로 배열된 세계를 벗어나지 못하고, 눈에 보이는 것이 본래의 세계 모습이라 믿는 일상성에 유의미한 새로운 인식을 가함으로써 받게 되는 삶의 탄력이라 할 수 있다.

따라서 이희석 수필가의 이러한 속성, 즉 익숙했던 대상을 새롭게 발견하여, 자기로의 회귀와 타자로의 확장성을 꿈꾸는 문학적 태도는 삶의 가장 근원적인 정서인 자연과의 공존 · 공생의 관계로 회귀하고자 하는 것으로 볼 수 있다. 그의 작품이 독자들의 마음에 다가가고, 공감하게 만들고, 그리하여 그 마음을 움직이게 하는 까닭도 이러한 잃어버린 삶의 근원적인 정서 회복을 진정성 있게 추구하기 때문이다. 이를 통해 이희석 수필가가 우리에게 전하는 풍경화 된 기억 속으로 한 걸음씩 들어가다 보면 어느새 삶의 위로와 공감의 따듯한 온도를 느낄 수 있을 것이다. 그의 수필 세계로 들어가 보자.

2. 기억의 풍경에서 윤리적 자아로

먼저 이희석 작가의 이번 수필집 『생각이 머물다 간 자리』에서 눈에 띄게 포착되는 특징은 우리 주위에 흔적 없이 스러지는 듯 보이지만, 사실은 우리의 존재를 지탱해 주고 있는 삶의 가장 근원적인 가치들을 소환하고 있다는 점이다. 삶의 근원적 배경이 되는, "어느 날 문득 마음을 스치고 지나간 작은 장면들"('작가의 말')이라는 언술에는 자연과 인간이 공명하면서 그려내는 파동을 담지하고 있다. 다시 말하면 그 장면들은 제 몫의 물질성을 그대로 유지하면서도 삶의 이치를 수반한다. 이것은 단순한 사물로 존재하는 것이 아니라, 우리 일상에서 어떤 지혜나 경험을 회복해 주는 삶의 은유로 전환되는 것을 의미한다.

그의 이러한 경향은 자연이나 어떤 대상을 바라보는 작가의 인지

적 태도나 관점에서 발견된다. 이희석 수필가는 사물에 대한 고정적 시점에 질문을 던지고 사물의 '안'과 '밖'을 보고자 한다. 예컨대 그는 '일상의 틈바구니에서 반짝이던 혹은 오래 감추어두었던 감정의 흔들림' 등을 응시한다. 그의 응시를 통과한 대상은 더이상 이전의 대상이 아니다. 그는 이전과는 다른 시선의 높이와 방향, 즉 현재의 인식으로 재구성하여 이전과 다른 대상으로 바꾸어 놓는다.

이것은 그동안 축적된 시간 속에서 과거와 현재의 공명으로 만들어가는 또 하나의 다른 대상이라 할 수 있다. 과거에 바라보았던 대상이 외형적 모습을 바라보는 데에 그쳤다면, 지금 마주하는 대상은 그 관조적 거리를 제거한다. 그리고 그 대상 속에 주체의 자기 관계적 형태로 투입되기 때문에 바라보는 대상은 눈앞의 실물로서의 대상이 아니라, 작가의 의식이 투영된 대상이라고 할 수 있다.

그러므로 이희석 작가가 포착한 지난날의 경험, 또는 자연 사물들은 작가의 삶의 인식이 반영된 풍경이라 할 수 있다. 우리는 이를 통해 작가의 심층에 내재되어 있는 삶의 이법(理法)에 대한 사유를 읽게 된다. 이때 포착되는 발견은 양도할 수 없는 이희석 수필의 지표로 각인된다. 살아가면서 발견하게 되는 삶의 이치를 담아내는 데 남다른 적공積功을 들이는 이희석 작가의 오랜 시간 쌓아온 그만의 삶의 철학은 이번 수필집『생각이 머물다 간 자리』에서 한결 선명하게 보여준다고 할 것이다. 먼저 작품 한 편을 읽어 보자.

돌들은 놓인 대로 묵묵히 제자리를 지켜낼 줄 안다. 아랫돌, 윗돌, 누름돌, 받침돌, 모두 자기 역할을 다한다. 잘난 돌이 못난 돌을 이고, 거친 돌이 매끈한 돌을 받친다. 잘났다고 튀어나오지도 않고 못났다고 숨지도 않는다. 다들 생긴 대로 서로를 이고 지고 업고 단단히 붙는다. 작은 돌은 빈틈을 메우고 큰 돌을 지지해 돌담이 흔들리지 않게 해 준다. 마치 작은 사잇돌 하나가 돌담 전체를 지탱하듯, 공동체에서도 작은 역할을 하는 사람들이 중요하다. 눈에 띄는 사람도 필요하지만, 보이지 않는 곳에서 묵묵히 일하는 사람들도 필수적이다. 각 구성원 한 사람 한 사람이 자신의 자리에서 역할을 다하지 못하면 공동체 전체가 무너질 수 있다. (중략)

이 세상의 인간들은 어떤가. 잡석으로 몰리고 허드레 돌 신세가 되며 막돌 취급을 당하는 사람들이 얼마나 많은가. 인류가 대동 사회를 이루려면 이러한 돌들의 공존、공생 방법을 배워도 좋지 않을까, 하는 생각이 꼬리에 꼬리를 문다.

—「돌담을 쌓으며」

이 글은 고향의 돌담을 매개로 하여 개인적 경험을 통해 인간과 자연의 공동체적 가치 회복이라는 큰 주제를 명료하게 연결하고 있다. 작가가 지금 바라보는 돌담은 유년 시절부터 보아온 익숙했던 돌담에, 작가의 내면이 개입하여 만들어낸 돌담이다. 따라서 이때의 돌담은 단순히 하나의 평면이 아니라 그 자체의 깊이와 체적을 가진 입체적 대상이라 할 수 있다. 즉 단순한 물질로서의 대상이 아니라 공동체적 삶의 원리를 표방하는 상징적 요소로 작동한다. 하나의 돌담이 형성되기 위해서는 아랫돌, 윗돌, 누름돌, 받침돌 모두가 필요하다. 이때 돌들은 잘났든 못났든 모두 제 역할을 한다. 제주도 돌담이 큰 태풍에도 무너지지 않는 것은 바로 이러한 공생의 원리가 작동하기 때문이다.

이희석 작가는 이에 대해 "잘난 돌이 못난 돌을 이고, 거친 돌이 매끈한 돌을 받친다. 잘났다고 튀어나오지도 않고 못났다고 숨지도 않는다.", "작은 돌은 빈틈을 메우고 큰 돌을 지지해 돌담이 흔들리지 않게 해 준다."라고 진술한다. 아울러 "인류가 대동 사회를 이루려면 이러한 돌들의 공존、공생 방법을 배워"야 한다고 진술한다. 어긋맞게 놓기, 큰 돌을 작은 돌이 받쳐주기, 빈틈을 작은 돌이 메우기 등이 바로 공동체를 지속시키는 협력 구조임을 환기한다. 이러한 돌들의 속성은 사회 구성원 간의 연대, 역할 분담, 겸손, 상호존중의 가치로 확장되며, 궁극적으로는 인간 사회의 이상적 모습에 대한 성찰로 이어진다. 다시 말하면 돌담을 통해 '기억', '공동체', '사람', '삶의 태도'를 소환하여, 한 집단, 나아가 한 사회의 공동체를 구성하는 원리와 다르지 않다는 잠재적 실체를 현실적 실체로 바꾸어 놓는 효과를 드러낸다.

공동체란 서로 다른 사람들이 조화를 이루며 함께 살아가는 구조다. 이 글은 과거에 주거생활에서 빠질 수 없는 '돌담'을 통해 함께 공존하는 구조를 환기한다. 다시 말하면 돌담에 대한 단순한 회고하는 데 그치지 않고, 서로 하나로 결속하여 항구적 질서를 견지하고 있는 공존 원리를 되돌아보게 함으로써 보편적 삶의 의미로 확장해 나간다. 대상에 대한 응시와 사유로 폭과 깊이를 확인하게 하는 대목이다.

이희석 작가의 창작 원리는 이처럼 자연의 대상에 내재된 삶의 비밀을 응시함으로써 얻어지는 결과물이라 할 수 있다. 자연스러운 서사 흐름과 따뜻하고 정감 어린 어조로 점점 사라져가는 옛 공동체의 따뜻함을 추억하며, 현대사회가 잃어가는 관계성의 의미를 환기하는 설명적 · 사유적 · 철학적 성찰에 도달하는 수필 특유의 미학이 잘 드러난 글이라 할 수 있다. 다음 글을 보자.

> 꿀벌은 지구 생태계에서 꽃가루받이를 담당하는 중요한 존재다. 세계 식량 작물의 상당 부분이 꿀벌의 수분 활동에 의존한다는 사실을 알게 되었을 때, 나는 서늘한 두려움에 사로잡혔다. 만약 꿀벌이 사라진다면, 우리의 밥상은 어떻게 될까? 우리가 매일 먹는 사과, 참외, 수박, 심지어 커피까지도 꿀벌의 도움 없이는 자라기 어렵다. 꿀벌의 부재는 곧 우리의 삶이 무너지는 일과 다르지 않다.
>
> 기후 위기가 그 불안을 더 키우고 있다. 이른봄 갑작스러운 이

상 고온은 꽃이 일찍 피었다가 금세 져버리게 만들고, 여름의 폭염은 꿀벌의 날개를 태운다. 가뭄과 홍수로 먹이가 사라진 꿀벌은 더이상 제 역할을 하지 못한다. 그 빈자리는 고스란히 인간에게 돌아온다. (중략)

우리가 꿀벌을 지키는 일은 결국 우리 자신을 지키는 일이다. 한 마리 벌의 부지런한 비행 속에는 우리가 잊고 사는 상호 의존의 진실이 담겨 있다. 인간은 혼자가 아니다. 꽃은 벌이 필요하고, 벌은 꽃을 찾아 날며, 그 결과 인간의 삶 또한 지탱된다.

—「꿀벌의 위기」

위의 글은 꿀벌에 대한 어린 시절 기억에서 출발하여, 꿀벌이라는 작은 생명체가 지닌 생태적 · 문명적 의미를 현대적 관점에서 성찰하는 작품이다. 서정적 회상과 생태적 위기의식이 자연스럽게 연결되며, '개인의 추억 → 공동체적 의미 → 인류의 생존 문제'로 확장되는 구조로 구성되어 있다. 모든 사물의 의미나 가치는 어떤 특별한 장소나 경험 너머에 있지 않다. 언제든 그 자체로 의미와 가치가 발견되기를 기다리며 현실 세계에 두루 편재되어 있다. 작가는 일상에 산재해 있는 대상들을 보며 현실 세계에서 아직 발견되지 않은 의미를 탐색하는 자다.

이희석 작가는 꿀벌의 개체수 감소 현상을 보며 그 이면에서 파생하는 문제에 주목한다. 만약 꿀벌이 사라진다면, "우리가 매일 먹는 사과, 참외, 수박, 심지어 커피까지도 꿀벌의 도움 없이는 자라기 어렵다."라는 진술을 통해 "꿀벌의 부재는 곧 우리의 삶이 무너지는 일과 다르지 않다."라고 단언한다. 그는 "기후 위기" "폭염" "가뭄과 홍수"로 꿀벌이 더이상 제 역할을 하지 못하고 사라지는 현실을 단지 "벌이 줄어든다."라는 단순한 생태의 문제를 넘어서는 문제로 인식한다. 꿀벌의 사라짐, 즉 "그 빈자리는 고스란히 인간에게 돌아"와 '우리의 밥상', '우리의 삶' 전체가 무너질 수 있다는 경고를 통해 작가는 "우리가 꿀벌을 지키는 일은 결국 우리 자신을 지키는 일이"라고 한다. "한 마리 벌의 부지런한 비행 속에는 우리가 잊고 사는 상호 의존의 진실이 담겨 있"고, 그들의 생존이 인간의 삶을 지탱 가능하게 해 준다는 것이다. 그는 '꿀벌 – 꽃 – 인간' 사이의 생명 순환 구조를 통해 '존재의 상호 의존성'의 관계를 보여준다. 벌 한 마리의 작은 비행의 몸짓이 인간의 삶 전체를 지탱한다는 통찰이 그것이다.

이처럼 이희석 작가는 자신의 기억 속에 잔영(殘影)처럼 남은 장면을 통해 '존재'와 '삶'에 대한 가장 근원적인 사유를 수행해간다. 인간 지성이 점차 고양되면서 인간은 자연을 지배할 수 있다고 믿게 되었지만, 사실은 가장 근원적인 사유와 감각을 자연으로부터 얻을 수밖에 없다는 엄연한 진실을 노래한다는 점에서, 이희석 작가는 이 시대에 긴요한 사유 방식을 보여준다고 할 수 있다.

3. 인간 사회의 욕망과 관계의 확장

수필은 자신의 경험에 대한 사후(事後)적 회상의 형식으로 쓰이는 경우가 많다. 특히 그것이 일상의 인식적 틀 바깥에서 생겨나는 경험의 특별함을 이야기할 때는 경험의 재구성이라는 양식적 특성을 벗어날 수 없다. 삶의 어떤 장면에서 무심하게 스쳐 지나간 장면들은 반드시 강한 유대나 공통의 경험을 나눈 장면이 아니다. 오히려 마치 창밖의 풍경처럼 스쳐 지나가 버린 장면들인 경우가 많다. 그런데도 그런 장면들이 새삼 잊히지 않고 어느 날 스치듯 떠오르는 것은 무엇 때문일까. 이에 대해 속시원하게 말할 수 있는 사람은 많지 않지만, 대체로 자아에 대한 성찰이 고도화되는 순간 '잊을 수 없는 장면'이 떠오른다는 데에 크게 이의를 달지 않는다. 이것은 아무래도 '나와 상관없는 타인이나 또한, 개인의 인성 형성이나 학습 결과가 유년 시절의 경험에 결정적 영향을 받는다.'라는 것이 정신분석학의 기본적인 이론임을 생각해 볼 때, 수필은 지난날의 기억을 통해 본래 자아를 회복하려는 미학적 의지를 담고 있다고 할 수 있을 것이다.

이희석 작가는 유년의 기억에 각인된 경험을 현재형으로 회복하려는 회상과 성찰의 작업을 지속해서 이루어간다. 다시 말하면 그가 지나온 오랜 기억 속에 경험을 재현하고자 하는 욕망은 그동안 시간의 축적 과정에서 발생한 사회적 변화와 모순을 통해 인간의 근원적 삶의 원리를 회복하고자 하는 의지로 보인다.

폭염은 누구에게나 공평하지 않다. 어떤 이들은 콘크리트 건물 안에서 추위를 말할 때, 어떤 이들은 콘크리트 건물 바깥에서 더위와 맞서며 살아간다. 얼음 공장 근로자, 노점상, 콘크리트 건물 밖의 무수한 노동자들, 그들의 이마로 쏟아지는 폭염은 굵은 땀방울이 되어 삶을 더욱더 무겁게 짓누른다. 그럼에도 그들은 무너지지 않는다. 땀방울에 젖은 손끝에서, 발바닥에서 우리는 차라리 숭고한 불꽃을 본다.

폭염은 가난한 이들의 인내심을 시험한다. 신경은 팽팽히 당겨진 현처럼 긴장되지만, 인내력 끝에 내려앉는 무기력은 끊임없이 인내력의 한계를 저울질한다. 그러나 역설적이게도 이 계절은 가장 깊은 성찰의 시간을 선사한다. 태양 아래 고개 숙인 순간, 비로소 자신의 내면을 들여다보게 된다. 땀방울이 뺨을 타고 흐르듯, 마음의 찌꺼기도 함께 씻겨 내려간다. 힘든 노동 뒤 흘린 땀방울을 생각해 보라. 그것은 다른 잡념이 끼어들 여지가 없는 신성한 노동의 결정체 아닌가.

무궁화는 삼복염천에 꽃잎을 연다. 장미의 화려함은 없지만, 폭염 속에서 그 질긴 생명력으로 아름다움을 피워낸다. 우리도 그렇다. 고통 속에서 정직하게 지켜낸 삶이 더욱 빛나는 이유도 그러한 인내가 있었기 때문이다. 여름은 속삭인다. 폭염 속에는 찬란한 태양이 있다고.

―「불볕 속에 새겨진 것들」

이 글은 '폭염'을 단순한 자연 현상이 아니라 삶의 고통, 인내, 성장, 연대의 은유로 확장해 가는 수필이다. 작가는 기후 위기로 갈수록 심각해 가는 폭염을 겪으며, 문득 유년 시절에 겪었던 여름날의 기억을 스치듯 떠올린다. 더운 여름날이면 더위와 맞서기보다는 "개울물에 뛰어들어 물살을 가르"고, "햇빛에 달궈진 자갈 위를 맨발로 달리며/ 따끔한 쾌감"을 느꼈던 것을 떠올린다. 그 기억을 통해 그때는 더위와 "싸우는 법이 아니라 더위와 공존하는 지혜"가 있었음을 회억한다.

그런데 부채 한 자루면 세상의 모든 더위를 이길 수 있었던 그 여름날 위로 시간이 축적된 지금에 이르러서는 폭염이 누구에게나 공평하지 않은 사회적 불평등을 지적한다. 오늘날 폭염의 무게는 얼음 공장 노동자, 노점상, 콘크리트 위 노동자 등과 같은 약자에게 더 가혹하다는 것이다. 그러나 작가는 여기에서 좌절하지 않고 그들의 땀과 노동 속에서 인간의 숭고함과 품위가 있음을 환기한다. 다시 말하면 더위는 사람을 지치게 하지만 동시에 가장 깊은 자기 성찰로 이끈다는 것이다. 인간은 땀을 흘리며 마음의 찌꺼기도 흐르는데 그런 의미에서 폭염은 도피해야 할 기후의 문제가 아니라 정면으로 삶을 마주하게 하는, 삶의 시험, 자기 성찰의 계기, 약자들의 현실, 생명력의 근원, 함께 살아가는 지혜라는 다층적 의미로 확장해 나간다. 다음 글을 보자.

세월은 흐르고 풍경은 바뀌었다. 어느 날 길을 걷다 본 장면이 잊히지 않는다. 명품 유모차에 혀를 내밀고 앉아 있던 것은 아기가 아니라 반려견이었다. 털이 윤기 나는 골든리트리버가 고개를 기울이며 사람들의 시선을 받아내고 있었다. 하필 그 순간, 그 길 옆에 '보신탕' 간판이 스쳐 지나갔다. 한쪽에서는 개가 왕처럼 대접받고, 다른 쪽에서는 여전히 식용으로 취급되고 있다. 이 모순된 풍경은 우리 사회의 단면이었다. (중략)

2023년 통계에 따르면 반려동물 양육비는 월평균 15만 원을 넘었다. 동네마다 애견 미용실과 호텔이 들어섰고, 고급 사료와 전용 보험 상품까지 쏟아진다. '펫코노미', '펫팸족', '딩펫족' 같은 신조어는 개가 단순한 애완의 단계를 넘어 '가족'의 지위를 얻었음을 말해 준다. 길을 걷다 보면 유모차 속 개를 보는 일이 낯설지 않다. 한강 변에는 반려견 수영장이 들어서고, 프리미엄 사료와 명품 목줄이 줄을 잇는다. 인간 사회의 외로움과 소비 욕망이 개를 통해 극대화되어 발현되는 듯하다.

—「개 팔자, 사람 팔자」

이 글은 '개를 어떻게 대하는가'에 따라 인간 사회의 욕망, 변화,

모순, 책임을 비추어 보는 수필이다. 개라는 존재는 그대로인데, 그 개를 바라보는 인간의 태도가 변함으로써 사회의 가치가 어떻게 달라졌는지를 드러낸다. 과거의 개는 '짐승'이자 인간을 지키는 '울타리'였다. 작가는 어린 시절의 개를 "집 지키는 존재", "배고프고 외로운 지킴이", "흙냄새와 함께하는 자연의 동무"로 회상한다. 이 시기의 개는 인간과 함께 살았지만, 가족은 아니었다. 개와 사람은 함께 뒹굴며 친밀했지만, 여전히 역할과 한계가 명확하게 나뉘어 있었다.

그러나 오늘날의 개는 동물이 아닌. 가족의 일원으로 확대된다. ' 개 팔자'가 바뀐 것이 아니라, 개를 바라보는 인간의 사회적 · 정서적 태도가 바뀐 것이다. 작가는 길거리에서 유모차에 타고 있는 개와 그 옆에 보신탕 간판이 공존하는 장면을 목격한다. 이는 같은 시대, 같은 공간에서 개가 완전히 다른 위치에 놓인 모순적 현실을 드러낸다. 또한, 오늘날 개는 명품 목줄 펫호텔 고급 사료 반려동물 보험 펫코노미(petconomy)의 성장 등을 통해 개는 더이상 짐승이 아닌, 인간 사회의 "외로움"과 "소비 욕망"을 충족시키는 대상이 되었다. 그 변화 속에 인간의 욕망 · 외로움 · 책임 · 문화적 충돌이 고스란히 비친다. 이는 인간 사회의 고독 · 풍요 · 과잉 소비의 단면을 반영한다.

작가는 이러한 과정을 지켜보면서 우리는 개와 진정 공생할 준비가 되어 있는지를 묻는다. 전통과 윤리, 문화와 정체성이 뒤섞인 현

사회에서 "개를 대하는 우리의 태도는 결국 우리 자신을 비춘다." 라는 언술을 통해 인간 사회의 욕망, 변화, 모순, 책임을 비추어 보여준다.

4. 생명에 대한 근원적 사유와 사랑을 통한 공존의식

이희석 작가는 자신을 둘러싸고 있는 대상들로 시선을 확장했다가 다시 인간에게 돌아오는 일종의 재귀적 특성을 일관되게 견지하고 있다. 인간의 존재적 삶이 다양한 원심적 원리에 대한 다양한 사유를 동시에 드러내고 있다. 그의 시선에 포획된 대상들은 집요한 응시와 통찰을 거쳐 새로운 사유에 도달한다. 그 과정에서 작가의 주위에 대한 따듯한 시선과 명료한 주제 의식은 오늘날 우리 사회에 산재해 있는 여러 부정적 명제들을 긍정성으로 이동시킨다. 이 모든 것이 자연에 내재한 생명과 순환성과 인간의 상처, 흔적 등을 포용하는 이희석 작가의 사랑의 의지에서 가능한 것임을 파악할 수 있다. 그의 작품을 읽다 보면 어느새 자연과 인간 상호 간에 깃들인 따듯함과 공존의식을 경험하게 되고, 나아가 넉넉하고 환한 자기 긍정의 마음에 도달하게 되는 것도 그러한 이유에서다. 다음 작품을 읽어 보자.

요즘은 참새들을 볼 때마다 마음 한구석이 아리다. 공원 벤치에 앉아 빵 부스러기를 뿌리면 어느새 다가오는 그들의 눈빛에서는 예전 같은 평화로운 여유를 찾기 어렵다. 자동차 경적에 놀라 허둥대는 모습이나, 쓰레기통 주변을 맴도는 초라한 행색은 도시의 불청객이 된 그들의 현실을 적나라하게 보여준다. 그럼에도 얼마 전 전신주 위에 둥지를 튼 참새 가족을 발견했을 때, 나는 작은 희망을 보았다. 어미 새가 부지런히 먹이를 나르고 새끼들이 작은 입을 벌리며 보채는 그 소박한 공간에서, 삶의 아름다운 드라마는 여전히 이어지고 있었다. (중략)

요즘 나는 건물 틈새나 에어컨 실외기 뒤에 둥지를 틀 만한 공간을 살피거나, 베란다에 새 모이통을 설치해 풀씨나 쌀알을 놓아둔다. 얼마 지나지 않아 참새 한두 마리가 조심스레 모이통 주변을 맴돌기 시작한다. 그 작은 날갯짓은 우리에게 속삭인다. '함께 살아가는 법을 잊지 말자'라고, '작고 보잘것없어 보이는 존재의 소중함을 기억하라'라고.

오늘도 창밖에서 들려오는 "짹짹" 소리에 귀 기울이며, 나는 그 작은 목소리가 영원히 사라지지 않기를 기도한다.

—「작은 날갯짓이 건네는 삶의 이야기」

과거에 농촌에서 참새는 해조(害鳥)이자 익조(益鳥)였다. "곡식이 익으면 낟알을 쪼아 먹어 농작물에 피해를 주"는 존재였지만 동시에 "성체가 되어서는 해충을 잡아먹으며 이로운 역할을" 했다. 즉 인간과 참새는 적이면서 동료였고, 피해와 이익이 공존하는 생태적 공생 관계였다. 이는 인간과 자연의 관계가 한 방향만으로 설명될 수 없음을 드러낸다. 이희석 작가는 중국에서 발생한 '참새 소탕' 작전 결과 참새가 사라지자 "메뚜기와 해충이 폭발적으로 늘어"나고 급기야 "끔찍한 대흉년으로 이어져 수백만의 목숨을 앗아가는 비극을 낳았"던 사건을 통해 "작은 톱니바퀴 하나가 빠지면 거대한 시계가 멈추듯, 생태계의 균형이 한순간에 무너진"다는 것을 경고한다.

참새라는 '하찮고 작은 생명'에서 사랑 · 헌신 · 연대의 본성을 지닌 숭고한 존재로, 나아가 인간 안의 선한 본성과 자연의 공존의식 등 다층적 의미를 보여주고 있다. 작가는 참새와의 공존을 회복하기 위한 일환으로 도시에서 사라지는 참새를 위해 모이통을 놓고 둥지를 숨길 공간을 살핀다. 이는 단순한 행동을 넘어 "자연과 함께 살아가기 위해 인간이 할 수 있는 작은 실천"이라 할 수 있다. 다음 작품도 읽어 보자.

숲길 위에서 고라니와 나눈 눈빛은 삶의 한 장면으로 오래도록 남아 있다. 말 한마디 오가지 않았지만, 그 침묵 속에서 나는 더 많은 것을 들었다. 자연은 언제나 그랬다. 바람은 말하지 않지만, 나뭇잎을 흔들며 계절을 알리고, 강물은 노래하지 않지만 쉼 없는 흐름으로 생명의 질서를 보여준다. 동물 또한 그러하다.

이제 안다. 교감이란 억지로 다가서거나 소유하려는 순간 사라져 버리는 것임을. 그저 멀리서 바라보며 마음을 열 때, 비로소 진실한 교감이 시작된다.

가을 산길에서 만난 고라니의 눈빛은 오래도록 기억에 남아 삶의 길을 비추는 등불이 되었다. 그것은 침묵 속의 대화였고, 경계와 신뢰가 동시에 존재하는 신비로운 순간이었다.

—「산길에서 만난 눈빛」

이 작품은 동물과 인간이 언어 없이 나누는 교감에 대한 성찰을 보여주는 글이다. 자연물이나 무생물, 또는 동물에 대한 예찬이 이루어지는 순간부터 그 대상은 의인화된다. 그에 주목하는 내용이나 기준이 인간 존재와 삶에 내재하는 것이기에 의인화를 피해 갈 수 없다. 이처럼 자연물과 인간의 삶과의 연결은 우리의 전통적인 글쓰기에서 오래전부터 사용해 온 방식이다. 이 작품에서 작가는 산길에서 만난 고라니를 통해, 말 없는 존재들이 어떻게 마음을 울리고 인간을 성찰하게 만드는가를 보여준다. 고라니와 마주친 순간, 낯설지만 친근한 감정이 섞인 눈빛을 경험한다. "고라니는 가녀린 다리를 곧추세우고/ 도망칠 듯 긴장했지만, 그 눈빛 속에는 묘한 호기심"과 "낯설면서도 친근한 감정이 뒤섞인 눈빛이었다." 작가는 그 순간 비록 "말은 없었으나, 잠시 서로의 존재를 느끼며 묘한 교감을 나누었다."라고 진술하고 있다.

아울러 "어린 시절, 시골집 마당에서 함께 자란 개 '누렁이'가/ 내가 울면 슬며시 다가와 발치에 앉"아 있는 "따뜻한 눈빛 속에서 말할 수 없는 위로를 얻었다."라고 고백한다. 작가는 누렁이가 말없이 자신의 곁을 지켜주던 경험을 통해 진정한 교감은 설명이나 조언이 아닌, 함께하는 데에서 온다는 것을 전하고 있다. 그뿐만 아니라 다람쥐 역시 눈을 마주친 순간, 자신이 조금만 다가가면 다람쥐가 도망칠 것을 깨닫고, 교감은 소유하려는 욕심을 내려놓는 것에서 시작된다는 점을 깨닫는다. 길 잃은 떠돌이 개와의 만남을 통해서도 개에게 밥을 주었을 때, 개가 상대가 등을 돌린 순간에야 조용히 다가와 먹는 모습을 보고, 신뢰는 한순간에 만들어지는 것이 아니며, 침묵 속에서 조금씩 쌓이는 행동의 언어로 만들어진다는 것을 통해 동물과 인간의 상호 관계에서도 잘 지킨 거리, 절제, 기다림이야말로 관계를 지키는 비결이라고 생각한다.

결국, 이희석 작가에게 교감의 본질은 강요하지 않고, 기다리고, 바라보고, 마음을 여는 태도이다. 이것은 인간과 동물뿐 아니라 사람과 사람 사이에서도 성립하는 보편적 진리로 사유를 확장해 간다. 즉 동물은 말을 하지 않지만, 마음을 전달하며, 인간을 위로하고, 자연의 질서와 겸손을 가르치며, 삶의 본질을 비추는 존재다. 동물과 인간이 나누는 말 없는 교감을 통해 삶의 본질적 가치를 되돌아보는 생태적 · 철학적 글이라 할 수 있다.

5. 나가며

이희석 작가는 이번 수필집 『생각이 머물다간 자리』를 통해 갈수록 황폐해 가는 현대사회에서 어떻게 살아야 하는지를 자연 사물에 대한 적확한 관찰과 삶의 근원적 이치를 통해 일관되게 보여준다. 작가는 자연과 대상에 대한 깊은 관찰과 사유를 통해 자신이 깨달아온 삶의 이치를 들려줌으로써 현대사회를 살아가는 삶의 가능성을 자연과의 공존의 원리로 제시하면서 아름다운 삶에 이르는 과정을 보여준다.

이 과정에서 작가가 주목한 소재들은 우리 주변에서 볼 수 있는 일상적인 것들이지만 모두 삶의 근원을 환기하는 상관물로 기능하기에 부족함이 없어 보인다. 예컨대 작가는 봄(「고운 봄날, 영랑의 시심을 만나다」, 「봄날의 작은 꽃들」, 「봄을 톡톡 터트리는 봄동」등), 여름(「생존의 몸부림, 「불볕 속에 새겨진 것들, 「해운대, 마음의 여름을 묻다」). 가을(「가을밤, 풀벌레의 교향곡」, 「가을의 침묵 속에 새겨진 문장들」) 등에서와 같이 사계절의 자연을 통해 삶의 엄연한 원리를 선연하게 보여준다. 또한, 다양한 동물들(개, 참새, 고양이, 다람쥐, 고라니, 잠자리, 비둘기, 직박구리, 왕잠자리, 북극곰, 소등), 식물들(봄까치풀, 봄동, 리치, 대나무 등)을 통해 다른 생물들과의 공존의 윤리를 제시한다. 그뿐만 아니라 오늘날 기후 위기의 문제와 연결시켜 환경(지구의 심장 박동 소리, 플라스틱 그림자 아래에서)에 지대한 관심을 보이며, 문명, 추억, 그리움(「혀끝에서 피어나는 봄」, 「가을의 침묵 속에 새겨진 문장들」, 「숲, 바람의 언어로 쓰인 책」, 「늦은 햇살이 머무는 정원」, 「그리움이란 이름의 정원」, 「내 고향 관동마을」, 「어머니의 강」, 「아버지의 손」, 「그때는 그랬지」, 「저무는 노을, 아버지의 뒷모습」) 등 다양한 일상의 소재들을 통해 기존의 익숙한 의미 너머로 새로운 의미를 발견하여 삶을 풍요롭게 확장시킨다.

독자들은 이희석 작가의 이러한 생태적이고 진지한 문학적 태도를 통해, 자연 사물의 근원적 원리, 생명에 대한 존엄한 기억, 자연과 인간 상호 간의 신뢰를 경험하게 된다. 그 안에는 타자에 관한 따듯한 시선과 함께 자연, 사물이 가지는 본래적 속성을 응시하여 긍정의 시선을 통해 새로운 발견에 이르게 한다.

이희석의 이번 수필집 『생각이 머물다 간 자리』는, 삶의 공존 원리와 사랑을 담아낸 심미적 풍경의 발견으로, 독자들의 마음에 가닿을 것이다. 이러한 생명에 대한 근원적 사유와 현대 사회에서의 윤리적 자아를 추구하는 이번 수필집의 출간을 마음 깊이 축하드린다. 아울러 앞으로도 이희석 작가의 수필이 더욱 원숙한 경지를 성취하여, 우리 수필계에 큰 발자국을 남겨 주기를, 마음 깊이 바라마지않는다.

이희석 수필집

생각이 머물다 간 자리

인쇄 2025년 12월 23일
발행 2025년 12월 29일

지은이 이희석
발행인 서정환
펴낸곳 수필과비평사
주 소 서울시 종로구 삼일대로 32길 36(운현신화타워) 305호
전 화 (02) 3675-3885, (063) 275-4000
팩 스 (063) 274-3131
이메일 essay321@hanmail.net
출판등록 제300-2013-133호
인쇄 · 제본 신아출판사

ISBN 979-11-5933-619-5 03810
값 15,000원

Printed in KOREA

*본 도서는 (재)전북특별자치도문화관광재단 '2025년 문화예술육성지원사업'에 선정되어 보조금을 지원받은 사업입니다.